4年生
都道府県を覚

JN040980

近畿地方

㉔	三重県	津市
㉕	滋賀県	大津市
㉖	京都府	京都市
㉗	大阪府	大阪市
㉘	兵庫県	神戸市
㉙	奈良県	奈良市
㉚	和歌山県	和歌山市

中国・四国地方

㉛	鳥取県	鳥取市
㉜	島根県	松江市
㉝	岡山県	岡山市
㉞	広島県	広島市
㉟	山口県	山口市
㊱	徳島県	徳島市
㊲	香川県	高松市
㊳	愛媛県	松山市
㊴	高知県	高知市

九州地方

㊵	福岡県	福岡市
㊶	佐賀県	佐賀市
㊷	長崎県	長崎市
㊸	熊本県	熊本市
㊹	大分県	大分市
㊺	宮崎県	宮崎市
㊻	鹿児島県	鹿児島市
㊼	沖縄県	那覇市

中部地方

中国・四国地方

近畿

九州地方

番号	都道府県	都道府県庁所在地

北海道地方

❶	北海道	札幌市

東北地方

❷	青森県	青森市
❸	岩手県	盛岡市
❹	宮城県	仙台市
❺	秋田県	秋田市
❻	山形県	山形市
❼	福島県	福島市

関東地方

❽	茨城県	水戸市
❾	栃木県	宇都宮市
❿	群馬県	前橋市
⓫	埼玉県	さいたま市
⓬	千葉県	千葉市
⓭	東京都	東京
⓮	神奈川県	横浜市

中部地方

⓯	新潟県	新潟市
⓰	富山県	富山市
⓱	石川県	金沢市
⓲	福井県	福井市
⓳	山梨県	甲府市
⓴	長野県	長野市
㉑	岐阜県	岐阜市
㉒	静岡県	静岡市
㉓	愛知県	名古屋市

北海道地方

東北地方

関東地方

地方

学ぶ人は、変えてゆく人だ。

目の前にある問題はもちろん、

人生の問いや、社会の課題を自ら見つけ、

挑み続けるために、人は学ぶ。

「学び」で、少しずつ世界は変えてゆける。

いつでも、どこでも、誰でも、

学ぶことができる世の中へ。

旺文社

このドリルの特長と使い方

このドリルは、「苦手をつくらない」ことを目的としたドリルです。単元ごとに「大事なことがらを理解するページ」と「問題を解くことをくりかえし練習するページ」をもうけて、段階的に問題の解き方を学ぶことができます。

① りかい

大事なことがらを理解するページで、穴埋め形式で学習するようになっています。

!覚えよう! 必ず覚える必要のあることがらや用語です。

★ 考えよう ★ 資料の読みとりなどです。

② 練習

「理解」で学習したことを身につけるために、問題を解くことをくりかえし練習するページです。「理解」で学習したことを思い出しながら問題を解いていきましょう。

少し難しい問題には

◇ チャレンジ ◇ がついています。

③ まとめ 単元の内容をとおして学べるまとめのページです。

もくじ

社会情勢の変化により、掲載内容に違いが生じる事柄があります。弊社ホームページ『知っておきたい時事ニュース』をご確認ください。
https://service.obunsha.co.jp/tokuten/jiji_news/

編集協力／有限会社 マイプラン　　校正／株式会社 東京出版サービスセンター　　株式会社 友人社　　装丁デザイン／株式会社 しろいろ
装丁イラスト／林ユミ　　本文デザイン／ハイ制作室 大滝奈緒子・水野知美　　本文イラスト／川上潤　西村博子

4年生 達成表 社会名人への道！

ドリルが終わったら，番号のところに日付と点数を書いて，グラフをかこう。
80点を超えたら合格だ！　10，22，28，44，52，70，76は全問正解で合格だよ！

	日付	点数	50点	合格ライン80点	100点	合格チェック
例	4/2	90				◯
1						
2						
3						
4						
5						
6						
7						
8						
9						
10	全問正解で合格！					
11						
12						
13						
14						
15						
16						
17						
18						
19						
20						
21						
22	全問正解で合格！					
23						

	日付	点数	50点	合格ライン80点	100点	合格チェック
24						
25						
26						
27						
28	全問正解で合格！					
29						
30						
31						
32						
33						
34						
35						
36						
37						
38						
39						
40						
41						
42						
43						
44	全問正解で合格！					
45						
46						
47						

✏️ この表がうまったら，合格の数をかぞえて右に書こう。

60〜76個	➡	りっぱな社会名人だ！
40〜59個	➡	もう少し！　社会名人見習いレベルだ！
0〜39個	➡	がんばろう！　一歩一歩，社会名人をめざしていこう！

合格の数

こ

	日 付	点 数		50点	合格ライン 80点	100点	合格 チェック
48							
49							
50							
51							
52		全問正解で合格！					
53							
54							
55							
56							
57							
58							
59							
60							
61							
62							

	日 付	点 数		50点	合格ライン 80点	100点	合格 チェック
63							
64							
65							
66							
67							
68							
69							
70		全問正解で合格！					
71							
72							
73							
74							
75							
76		全問正解で合格！					

日本の都道府県
都道府県と地方

▶▶▶ 答えはべっさつ1ページ

点数 ★

①・②:1問10点　③〜⑥:1問20点

点

覚えよう

次の□□□□にあてはまる言葉を書きましょう。

・日本には，東京都，北海道，
　大阪府，京都府と43の県
　があり，合わせて47の
　①□□□□□□がありま
　す。

・都庁，道庁，府庁，県庁が
　おかれている都市を
　②□□□□□□□□
　といいます。都道府県名と
　②□の名前がちがう場合も
　あります。

考えよう

次の□□□□にあてはまる地方名を書きましょう。

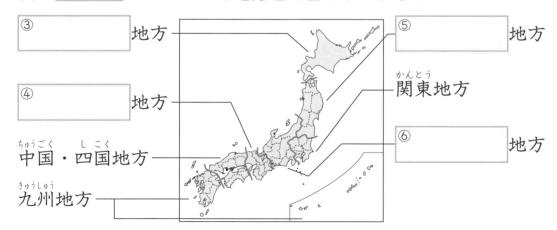

③□□□□□□ 地方

④□□□□□□ 地方

中国・四国地方

九州地方

⑤□□□□□□ 地方

関東地方

⑥□□□□□□ 地方

2 日本の都道府県
都道府県と地方

▶▶▶ 答えはべっさつ1ページ

点数

点

1 (1)10点 (2)1つ10点 (3)1問15点 (4)全部正解で10点

1 日本の都道府県（とどうふけん）について，次の問題に答えましょう。

(1) 日本にはいくつの都道府県がありますか。

（　　　　　　　　　）

(2) 日本の都道府県のうち，府を2つ答えましょう。

（　　　　　　）（　　　　　　　）

(3) 地図中の⑦・④の都道府県名，⑨・⑤の県庁所在（ちょうしょざい）地名（ち）を答えましょう。

⑦（　　　　　　　）

④（　　　　　　　）

⑨（　　　　　　　）

⑤（　　　　　　　）

(4) 東北（とうほく）地方にある次の□□□の6つの県はどこでしょう。それぞれ右上の地図中にえんぴつで色をぬりましょう。

青森県（あおもり）・岩手県（いわて）・秋田県（あきた）・宮城県（みやぎ）・山形県（やまがた）・福島県（ふくしま）

3 地図の見方
方位と地図記号

りかい

▶▶▶ 答えはべっさつ2ページ

点数 [　　　　　　] 点

①～⑩：1問10点

！覚えよう！

次の　　　　　にあてはまる言葉を書きましょう。

・方位の表し方には，東・西・南・北に加え

て，右の図の⑦の ① [　　　　] ・⑦の

② [　　　　] ・⑦の ③ [　　　　] ・⑦の

④ [　　　　] があります。

八方位

・地図はふつう， ⑤ [　　　　] の方位を上にし

てかくきまりになっていますが，地図に

よって，そうでないときもあります。この

ような地図には， ⑥ [　　　　] をしめす記号

がついています。

方位をしめす記号

・地図には地図記号も使われます。

文 ⑦ [　　　　]　　☼ ⑧ [　　　　]　　♨ ⑨ [　　　　]

★考えよう★

次の　　　　　にあてはまる言葉を書きましょう。

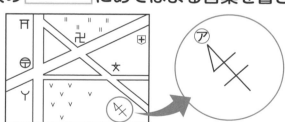

・⑦は， ⑩ [　　　　] の方

位を指しています。

地図の見方
方位と地図記号

練習

▶▶▶ 答えはべっさつ2ページ

★点数★

点

1 (1) 1問10点　(2) 10点　**2** 20点　**3** 1問5点

1 方位について，次の問題に答えましょう。

(1) 右の八方位をしめす図で，㋐〜㋓はどの方位になりますか。

　　　㋐（　　　　　　）　㋑（　　　　　　　）

　　　㋒（　　　　　　）　㋓（　　　　　　　）

(2) 方位の記号がない地図では，下は方位でいうと何ですか。　　　　　　　　　　（　　　　　　　　　　　）

◇チャレンジ◇

2 右の地図を見ると，学校の西側には何がありますか。

　　　　　　（　　　　　　　　　　　　）

3 次の地図記号は，何を表していますか。あとの㋐〜㋕から選んで，記号で答えましょう。

① 卍（　　　　　）　② ♯（　　　　　　）　③ 〒（　　　　　）

④ ⊞（　　　　　）　⑤ ∵（　　　　　　）　⑥ ‖（　　　　　）

[　㋐病院　㋑寺　㋒神社　㋓ゆうびん局　㋔田　㋕畑　]

5 地図の見方
しゅくしゃくとは

 りかい

▶▶▶ 答えはべっさつ2ページ ★点数★

①〜⑤：1問20点

点

覚えよう

次の ◻ にあてはまる言葉や数字を書きましょう。

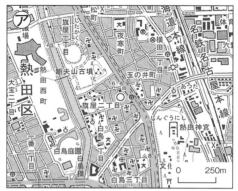

（国土地理院発行　2万5千分の1地形図「名古屋南部」）

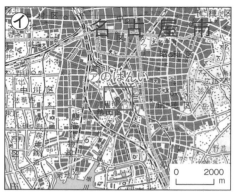

（国土地理院発行　20万分の1地勢図「名古屋」）

・地図上では，実際の ① ◻ をちぢめて表していま

　す。どれだけちぢめたかをしめしたのが

　② ◻ です。

・地図㋐の中に， 0━━250m というものさしがあります。このもの

　さしは， ③ ◻ mのきょりを1cmで表しています。同

　じように見ると，地図㋑は ④ ◻ mのきょりを1cmで

　表しています。

考えよう

次の ◻ にあてはまる記号を書きましょう。

・地図㋐・㋑のうち，まちの様子を細かく調べるときに便利な

　のは，地図 ⑤ ◻ です。

6 地図の見方
しゅくしゃくとは

▶▶▶ 答えはべっさつ2ページ

1 2 1問25点

★点数★

点

1 右の図で表した方法で，実際の
きょりを調べてみることにしま
した。次の問題に答えましょう。

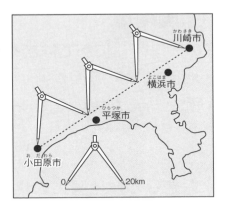

(1) しゅくしゃくのものさしに合わ
せると，コンパスのはば1つ分
は何kmですか。

(km)

(2) 小田原市と川崎市の間のきょりは，およそ何kmあります
か。

およそ(km)

2 次のことを調べるとき，右の
⑦・⑦のどちらの地図を使う
とわかりやすいですか。記号
で答えましょう。

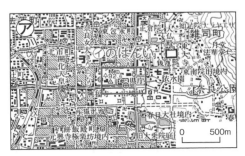

①奈良県庁を中心に，まわりの
様子をくわしく調べます。

( )

②なら駅の位置や，鉄道，道路
の様子を調べます。

( )

(国土地理院発行 ⑦5万分の1地形図
「奈良」， ⑦1万分の1地形図「奈良」)

7 地図の見方
等高線の読み取り

りかい

▶▶▶ 答えはべっさつ2ページ

点数

①〜④：1問10点　⑤〜⑧：1問15点

点

!覚えよう!

次の□□□にあてはまる言葉を書きましょう。

・地図上で，海面からの高さが同じ場所を結んだ線のことを

①□□□□□といいます。これを見ると，地図上の場所がどれくらいの②□□□□なのかがわかります。

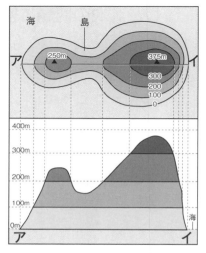

・①□の間かくから，土地のかたむきを読み取ることができます。間かく

が③□□□□ところはかたむきが急になり，④□□□□ところはかたむきがゆるやかになります。

★考えよう★

右の図を見て,次の□□□にあてはまる言葉や数字を書きましょう。

・⑦の高さは⑤□□□mです。⑦の

高さは200mと⑥□□□mの間だから，およそ250mといえます。

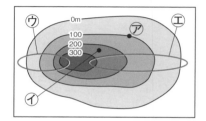

・①より⑦の方が，等高線の間かくが⑦□□□□，かたむきが

⑧□□□□になっています。

地図の見方

等高線の読み取り

練習

▶▶▶ 答えはべっさつ2ページ

点数

点

1 (1)(2) 1問20点　(3)〜(6) 1問15点

1 右の地図を見て，次の問題に答えましょう。

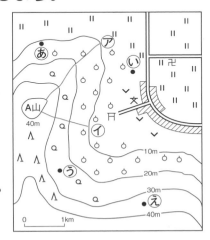

(1) この地図には，海面から同じ高さの場所を結んだ線が引かれています。この線を何といいますか。

（　　　　　　　　　　）

(2) 地図中の圏〜圏の地点のうち，一番高い位置にあるのはどこですか。記号で答えましょう。

（　　　）

(3) (2)で答えた地点の高さは，何m〜何mの間にありますか。

（　　　　m〜　　　　m）

(4) A山に登るとき，⑦と④の登山道では，どちらがゆるやかな坂ですか。記号で答えましょう。

（　　　）

(5) A山の東側のしゃ面に広がっているのは，広葉樹や何ですか。

（　　　　　　　　　　）

(6) 寺のまわりの平らな土地には，何が広がっていますか。

（　　　　　　　　　　）

9 地図の見方のまとめ

▶▶▶ 答えはべっさつ3ページ

点数

点

1 2 1問20点

1 右の地図を見て，次の問題に答えましょう。

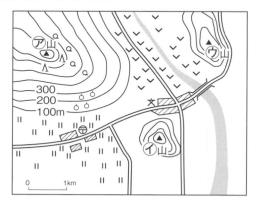

(1) 学校から見て，ウ山はどの
方位にありますか。八方位
で答えましょう。

（　　　　　　　　）

(2) ア山，イ山，ウ山のうち，
一番高い山はどれですか。

（　　　　　　　　）

(3) 山のしゃ面を利用して，くだものをつくっているのはどの
山ですか。　　　　　　　　　　　（　　　　　　　　　）

(4) ゆうびん局から学校までの地図上の長さは2cmです。実
際の直線のきょりは，およそ何kmありますか。

およそ（　　　　　　　km）

◆チャレンジ◆

2 右の図は，ある島を真上から見た図です。
A－Bの線で切った島を真横から見た図
を，次から選んで記号で
答えましょう。　　　　　　　（　　　）

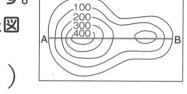

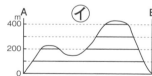

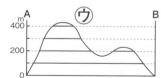

日本の都道府県・地図の見方のまとめ

10 都道府県パズル

▶▶▶ 答えはべっさつ3ページ

☆ ☆ ☆ ☆ ☆ ☆ ☆ ☆ ☆ ☆ ☆ ☆ ☆ ☆

日本列島から，5つの県がはずれてしまいました。
それぞれどこにあてはまるか答えましょう。

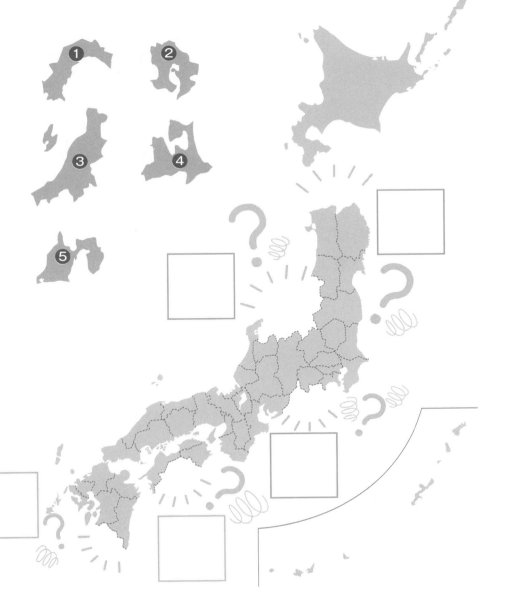

11 土地の様子
県の地形

▶▶▶ 答えはべっさつ3ページ

点数

①〜⑤:1問20点

点

★ 考えよう ★

次の □□□□ にあてはまる言葉を書きましょう。

・兵庫県の南側は

① ［　　　　　］海にそっ

て平野が広がり，県の中

央には② ［　　　　　］が多い

です。北側は

③ ［　　　　　］海に面してい

ます。

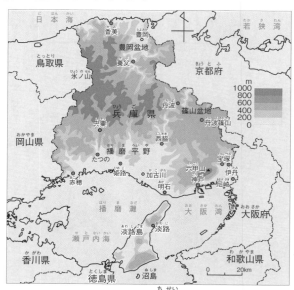

兵庫県の地勢図

・平地の土地利用に注目す

ると，人や店の集まる

④ ［　　　　　］地や田が広

がっています。

・県庁所在地の⑤ ［　　　　　］

市や，明石市，姫路市な

どの都市は，平地にあり

ます。

・土地利用は，地形や気候

などを生かしてくふうさ

れています。

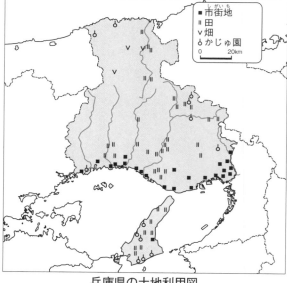

兵庫県の土地利用図

土地の様子
県の地形

▶▶▶ 答えはべっさつ3ページ

1 (1)(2) 1問20点 (3) 1問15点　2 15点

1 右の図は，福岡県の筑後川下流
に広がる筑紫平野の様子です。
次の問題に答えましょう。

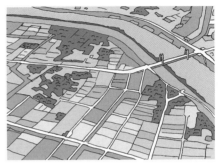

(1) 図の地いきでは，どのような土
地利用が多いですか。

（　　　　　　　　　　）

(2) 図の場所を正しくしめして
いるのは，右の地図の⑦〜
⑨のどれですか。記号で答
えましょう。　　（　　）

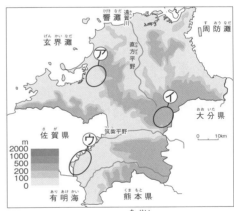

福岡県の地勢図

(3) 福岡県の地形について，正
しいものには○，まちがっ
ているものには×を書きましょう。

① （　　　）大分県側には，高い山がならんでいる。

② （　　　）海に面しているのは，県の北側と南東側である。

③ （　　　）平野と山地が入りくんだ地形である。

2 右の図で，人口が多い地い
きはどちらですか。記号で
答えましょう。　（　　）

13 土地の様子
県の交通

りかい

▶▶▶ 答えはべっさつ3ページ　★点数★

①〜⑥：1問15点　⑦：10点

点

答えはべっさつ3ページ

★考えよう★

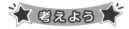

次の[　　　]にあてはまる言葉を書きましょう。

・多くの道路や鉄道が

　①[　　　　]市に集まって,

　おり, ①市を中心に県内

　の②[　　　　]が発達してい

　ます。

・高速道路の③[　　　　]自動

　車道や③新かん線により,

　県の北から④[　　　]への移

　動が便利になりました。

・陸羽東線や仙山線, 山形自

　動車道は, 県の海側から

　⑤[　　　　]県につながり, 東西の移動ができます。

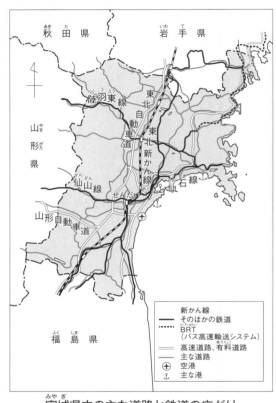

宮城県内の主な道路と鉄道の広がり

・県の北東部から岩手県にかけては, ⑥[　　　　]（バス高速

　輸送システム）が走っています。

・県の東側にある港や空港は, 船や⑦[　　　　　　　]で, ほか

　の地いきや国と結ばれています。

土地の様子
県の交通

▶▶▶ 答えはべっさつ4ページ

★点数★

点

1 (1) 全部正解で20点　(2) 1つ20点　(3)(4) 1問20点

1 右の2つの地図は，岡山県の
交通と岡山県の市町村別の
人口を表したものです。2つ
の地図を見て，次の問題に
答えましょう。

(1) 道路や鉄道が集まっていると
ころにある都市を，次から2
つ選んで，○をつけましょう。

［　美作市　　岡山市
　　高梁市　　倉敷市　］

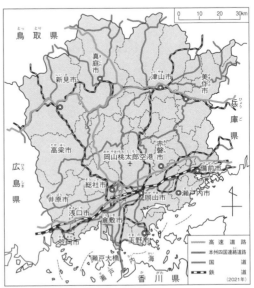

岡山県の交通

(2) 人口が10万人以上で瀬戸
内海に面している都市名を
2つ書きましょう。

（　　　　　　　　）

（　　　　　　　　）

(3) 岡山県は，瀬戸大橋で四国
地方の何県と結ばれていま
すか。

（　　　　　県）

岡山県の市町村別人口

(4) 岡山県の人口の多いところ
と少ないところをくらべて，多いところでは，何が発達し
ていますか。

（　　　　　　　　）

15 土地の様子
県の産業

りかい

▶▶▶ 答えはべっさつ4ページ ★点数★

①〜④:1問20点　⑤・⑥:1問10点

点

！覚えよう！

次の◯◯◯にあてはまる言葉を書きましょう。

・社会をささえているさまざまな仕事のことをまとめて

　①　　　　　といいます。

・米や野菜（やさい），果物（くだもの）などを育てる②　　　　　や，魚などをとった

　り育てたりする③　　　　　などが例（れい）としてあげられます。

★考えよう★

次の◯◯◯にあてはまる言葉を下から選（えら）んで書きましょう。

・宮城県（みやぎ）の北部では，

　④　　　　づくりがさ

　かんです。

・宮城県の南部では，

　⑤　　　　づくり

　がさかんです。

・海ぞいでは，さんまや

　かつお，⑥　　　　な

　どがよくとれます。

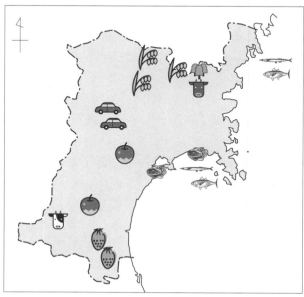

宮城県の主な　①

〔いちご　　自動車　　米　　かき〕

16 土地の様子
県の産業

▶▶▶ 答えはべっさつ4ページ

点数

点

1 (1) 20点　(2) 20点　(3) 1問20点

1 右の2つの資料を見て，次の問題に答えましょう。

(1) 福岡県のまわりでのりがとれる海を，次から1つ選んで，◯をつけましょう。

〔 有明海　　玄界灘
　 響灘　　　周防灘 〕

(2) 福岡県で最も多くつくられている農産物は何ですか。

（　　　　　　　　　）

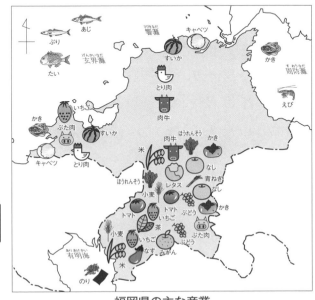

福岡県の主な産業

(3) 福岡県の農業について，正しいものには◯を，まちがっているものには×をつけましょう。

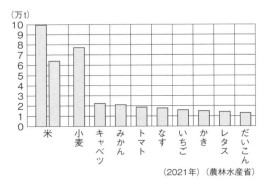

福岡県でつくられている主な農産物
（2021年）（農林水産省）

① （　　　）キャベツは県内で3番目に多くつくられており，産地は県の北部のみである。

② （　　　）いちごは，県の南部でもつくられている。

③ （　　　）ぶた肉は，県の西部や南部で生産されている。

17 くらしと水
わたしたちが使う水

りかい

▶▶▶ 答えはべっさつ4ページ　点数

①～③：1問12点　④～⑦：1問16点

点

！覚えよう！

次の□□□にあてはまる言葉を書きましょう。

・水は，プールや手あらい，料理(りょうり)，①□□□のときの消火活動などに使われています。

・わたしたちの生活に，水はかかすことができないしげんです。

・家庭や学校では，水道の②□□□から，水が出ます。

・水道の水は，③□□□を通って，送られてきます。

★考えよう★

下のグラフを見て，次の□□□にあてはまる言葉を書きましょう。

・水の使いみちでは，④□□□が一番多くなっています。

・家庭では，一日の中で⑤□□□に水を一番多く使い，次に⑥□□□，⑦□□□の順(じゅん)に多くの水を使っています。

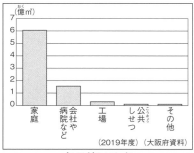

水の使いみち

(2019年度)（大阪府資料）

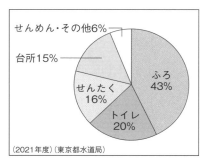

せんめん・その他6%
台所15%
せんたく16%
ふろ43%
トイレ20%

(2021年度)（東京都水道局）

家庭での一日の水の使われ方のわり合

くらしと水
わたしたちが使う水

1 1つ20点　2 1問20点

点数

点

1 学校のじゃ口から水が出るまでに，水が通るところを右の図の中から2つ，さがして書きましょう。

(　　　　　　)

(　　　　　　)

◆チャレンジ◆

2 下の資料を見て，正しい文には○，まちがっている文には×をつけましょう。

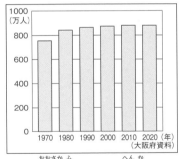

大阪府の人口の変化

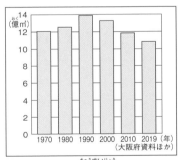

大阪府の給水量の変化

① (　　) 1990年以こう，府の人口はあまり変わっていない。

② (　　) 1970年から，給水量はふえ続けている。

③ (　　) 1970年の給水量は，2019年の給水量よりも多い。

19 くらしと水
じょう水場のはたらき

りかい

▶▶▶ 答えはべっさつ4ページ　点数

①〜④：1問15点　⑤・⑥：1問20点

点

！覚えよう！

次の図を見て，あとの　　　　にあてはまる言葉や数字を書きましょう。

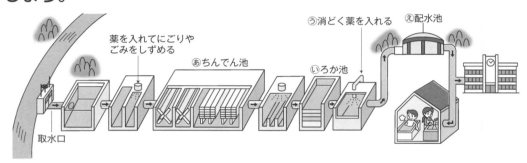

・川の水を取り入れて，きれいな水にするしせつを

①　　　　　　　　　　　　　　といいます。

・このしせつには，水の中のにごりやごみを，かためてしずめる⑧の②　　　　　　　池や，水をこしてきれいにする◎の

③　　　　　池があります。③では，ばいきんをころすために

塩素（えんそ）という消どく薬も入れます。

・きれいになった水は，⑥の高い土地にある④　　　　　池にためてから，家庭や学校に送られます。

・　①　では水質（すいしつ）の⑤　　　　　　　をしたり，コンピューターを使って，給水（きゅうすい）の様子を⑥　　　　　時間かんししたりしています。

20 くらしと水
じょう水場のはたらき

練習

点数 ★ 点

▶▶▶ 答えはべっさつ5ページ

1 (1) 20点 (2) 1問20点　2 1問20点

1 次の図を見て，あとの問題に答えましょう。

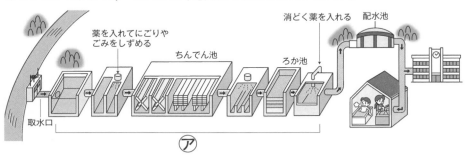

薬を入れてにごりやごみをしずめる

ちんでん池

消どく薬を入れる

配水池

ろか池

取水口

㋐

（1）図の㋐のようなしせつを，何といいますか。

（　　　　　　　）

（2）次の説明にあてはまるせつびを，図の中から選んで書きましょう。

①川から水を取り入れるせつび。　（　　　　　　　）

②きれいになった水を，高いところにためてから配水するせつび。

（　　　　　　　）

2 次の絵は，じょう水場の人たちが仕事をしている様子です。何をしている様子か，㋐・㋑の記号で答えましょう。

①（　　　）　　　　　　②（　　　）

[　㋐水質のけんさ　　㋑水の量やしせつのかんし　]

21 くらしと水のまとめ⑴

▶▶ 答えはべっさつ5ページ

1 1つ20点 **2** (1)1問20点 (2)20点

---

1 右のグラフについて，次の文の（　）の中から正しいものを
1つずつ選んで，○でかこみましょう。

　　　大阪府の（人口　給水量）は

（1970　1990）年以こうへって

きています。これは，水を大切

にする取り組みが広がっている

ことが理由の1つです。

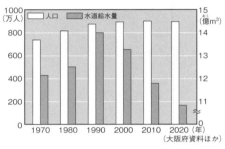

大阪府の人口と給水量のうつりかわり

---

2 じょう水場について，次の問題に答えましょう。

(1) ①と②のはたらきをしているせつびを，あとの㋐〜㋒から
　　選んで，記号で答えましょう。

　　①高い所にあり，土地の高さを利用して配水する。（　　　）

　　②すななどをしずめて，水をきれいにする。　　（　　　）

　　　[　㋐ちんでん池　　㋑ろか池　　㋒配水池　]

(2) じょう水場について，次の文から，まちがっているものを
　　1つ選んで，記号で答えましょう。　　　　　　（　　　）

　　㋐ここでは，24時間休まずに，安全な水をつくっている。

　　㋑ここには，使ったあとのよごれた水が運ばれてくる。

　　㋒ここでは，安全な水をとどけるための，けんさをしている。

22 くらしと水のまとめ（1）
じょう水場　ならべかえクイズ

▶▶▶ 答えはべっさつ5ページ

じょう水場のしくみを順番（じゅんばん）にならべましょう。
くっついているひらがなをならべると，
どんな言葉が出てくるかな？

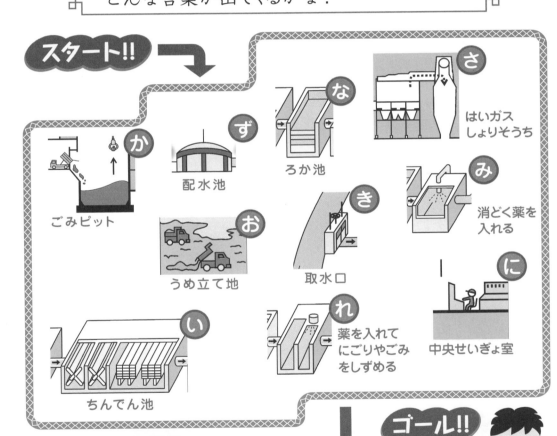

スタート!!

さ はいガスしょりそうち

な ろか池

ず 配水池

か ごみピット

み 消どく薬を入れる

き 取水口

お うめ立て地

に 中央せいぎょ室

れ 薬を入れてにごりやごみをしずめる

い ちんでん池

ゴール!!

関係（かんけい）のない絵もあるので注意してね！

答え

| き | ◯ | ◯ | ◯ | ◯ | ◯ |

23 くらしと水
水げんの森

▶▶▶ 答えはべっさつ5ページ

①～⑥:1問15点　⑦:10点

点

！覚えよう！

次の ▢ にあてはまる言葉を書きましょう。

・川の上流につくられる，水をためておくしせつを ① ▢
といいます。

・ ① ▢ は，計画的（けいかくてき）に川に水を流すことで，川の ② ▢ を調（ちょう）
節（せつ）して， ③ ▢ 不足（ぶそく）をふせいだり，水の力を使った

④ ▢ 発電に利用（りよう）されたりしています。

・ ① ▢ の上流には，水げんの ⑤ ▢ があります。

・水げんの ⑤ ▢ は， ① ▢ と同じように，ふった ⑥ ▢ をた

くわえ，少しずつ流すというはたらきがあるので，

⑦ ▢ のダム とよばれています。

・ ③ ▢ 不足をふせぐためには，
① ▢ をつくるだけではなく，
自然（しぜん）を守っていくことも大切
です。そのための活動とし
て，木を植えることなどを
行っています。

24 くらしと水
水げんの森

▶▶▶ 答えはべっさつ6ページ

1 1つ20点　2 1問20点

点数

点

1 ダムについて，正しい文を2つ選んで，⑦～⑤の記号で答えましょう。

（　　）（　　）

⑦ダムは，水をためておくためのしせつである。

④ダムは，水力発電に利用されている。

⑦ダムがあれば，水不足になることはぜったいにない。

④ダムをつくるために，自然をどれだけこわしてもよい。

2 右の図を見て，次の問題に答えましょう。

（1）ダムの上流にある森林を，人工のダムに対して，何といいますか。

（　　　　　　　）

（2）（1）には，どんなはたらきがありますか。正しいほうを○でかこみましょう。

雨水をたくわえて，（ ゆっくり　はやく ）流すはたらき。

（3）水げんの森を守るため，行っていることとして正しい方に○をつけましょう。

（　　）木を植え育てる。

（　　）水質けんさを行っている。

25 くらしと水
水を大切に使うために

りかい

▶▶▶ 答えはべっさつ6ページ

点数 ★

点

①～④：1問15点　⑤・⑥：1問20点

!覚えよう!

次の◻️◻️◻️にあてはまる言葉を書きましょう。

・かぎりある水を大切に使うためには，① ◻️◻️◻️ を心がける

べきです。

・家庭では，② ◻️◻️◻️ をこまめにし

めることや，ふろの③ ◻️◻️◻️ を

利用(りよう)することなどが考えられます。

節水(せっすい)のくふう

・一度使ってよごれた水は，

④ ◻️◻️◻️ を通って⑤ ◻️◻️◻️ に集め

られ，きれいにして海などに流されます。

・海の水は，じょう発して雨雲となります。

・ふった雨は，ダムや森林から川に流れこみ，

⑥ ◻️◻️◻️ 場

を通って，ふたたびわた
したちのもとへととどけら
れます。

わたしたちのまち　　ダム

じょう水場

水じょう気

下水しょり場〔水再生(さいせい)センター〕

海

水の流れ

くらしと水
水を大切に使うために

▶▶▶ 答えはべっさつ6ページ

★ 点数 ★

| | 点 |

1 1問10点 2 (1)(2) 1問15点 (3) 1つ15点

---

1 水を大切に使うために，生活の中で心がけることとして，正しいものには○，まちがっているものには×をつけましょう。

① (　　　) じゃ口の水を出しっぱなしにして，歯をみがく。

② (　　　) そうじやせんたくには，ふろの残り湯を利用する。

③ (　　　) 車は，ホースの水をたくさんかけながらあらう。

④ (　　　) シャワーを使うときには，こまめにシャワーをとめて水の使いすぎをふせぐ。

2 右の図を見て，次の問題に答えましょう。

(1) よごれた水をきれいにする，①のしせつを何といいますか。

(　　　　　　　　　　)

② きれいになった水

(2) よごれた水が通る②を，何といいますか。

(　　　　　　　　　　)

(3) 家庭から②に流してはいけないものを，次の⑦～⊆から2つ選んで，記号で答えましょう。　(　　　)(　　　)

⎡ ⑦天ぷら油　　④ふろの残り湯　　⑦顔をあらった水　⎤
⎣ ⊆食べ残したおかず　　　　　　　　　　　　　　　　⎦

27 くらしと水のまとめ⑵

▶▶▶ 答えはべっさつ6ページ　点数 ★

1 (1)(2) 20点　(3) 1つ20点　2 20点

　　　　　　　　　　　　　　　　点

1 水の流れをまとめた図を見て，次の問題に答えましょう。

(1) 図の㋐は，使ったあとの水をき
れいにしているしせつです。何
といいますか。

（　　　　　　　　　）

(2) きれいな飲める水が流れている
ところを図の①〜③から1つ選びましょう。

（　　　）

(3) 右の図は，一度使った水を再利用
している様子です。どんなことに
再利用していますか，2つ書きま
しょう。　（　　　　　　　　　）

（　　　　　　　　　）

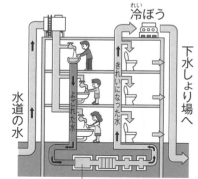

2 使ったあとの水をきれいにするしせつについて，次の㋐〜㋒
の文から，まちがっているものを1つ選んで，記号で答えま
しょう。

（　　　）

㋐ごみや油がまざっていても，かんたんにしょりできる。

㋑しずめたどろを，しげんにする。

㋒どろなどをしずめて，上のほうの水を消どくしてから，川
や海へ流す。

28 くらしと水のまとめ (2)
正しいのはどっち？

▶▶▶ 答えはべっさつ6ページ

☆ ☆ ☆ ☆ ☆ ☆ ☆ ☆ ☆ ☆ ☆ ☆ ☆ ☆

正しい方に進みましょう。どのコップにたどりつくかな？

水を大切に使うためには…

じゃ口を
こまめにしめる。

水を出しっぱなし
にして
歯をみがく。

よごれた水が通るのは…

家庭から流してはいけないものは…

下水管

水道管

ふろの
残り湯

天ぷら油

一度使った水が
再利用される
のは…

よごれた水を
きれいに
するのは…

海の水は
じょう発すると…

緑のダムと
よばれるのは…

トイレ

せんぷうき

下水
しょり場

じょう水場

雪

雨雲

人工のダム

森林

29 くらしと電気・ガス
電気はどこから

りかい

▶▶▶ 答えはべっさつ7ページ

点数

①〜④:1問20点　⑤・⑥:1問10点

点

!覚えよう!

次の図は，電気がどこから送られてくるのかを表したものです。
あとの □□□□ にあてはまる言葉を書きましょう。

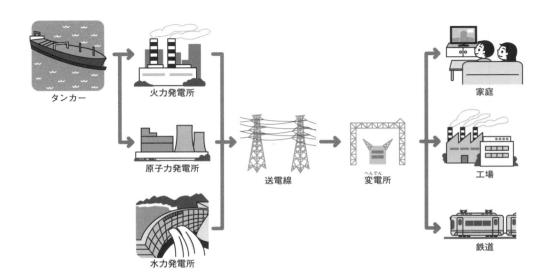

・電気をつくるところを ① [＿＿＿＿] といいます。

・今の日本には大きく分けて三種類の発電の方法があります。

② [＿＿＿＿] 発電に使う天然ガスや石油，③ [＿＿＿＿] 発電
に使うウランのほとんどは外国から運ばれてきます。

④ [＿＿＿＿] 発電は，水が流れる力を使って発電します。

・発電所でつくられた電気は ⑤ [＿＿＿＿] を通って

⑥ [＿＿＿＿] に送られます。 ⑥ は電気を家庭や工場で使え
るように調整するしせつです。

くらしと電気・ガス
電気はどこから

▶▶▶ 答えはべっさつ7ページ

点数

点

1 (1) 全部正解で20点　(2) (3) 1問10点　2 1問20点

---

1 発電のしかたについて，あとの問題に答えましょう。

ア　　　　　　　　イ　　　　　　　　ウ

火力発電　　　　水力発電　　　　原子力発電

(1) 発電のための燃料（ねんりょう）を外国からの輸入（ゆにゅう）にたよっているのはどの発電の方法（ほうほう）ですか。ア〜ウの記号で2つ答えましょう。

（　　）（　　）

(2) 天然（てんねん）ガスや石油を燃料にしているのはどの発電の方法ですか。ア〜ウの記号で1つ答えましょう。　　（　　）

(3) 発電所でつくった電気を，家庭や工場で使えるように調整するしせつを何といいますか。　（　　　　　　　　）

◆チャレンジ◆

2 発電の方法による，かんきょうへのえいきょうをまとめました。次の表の　　　　にあてはまる発電の方法を書きましょう。

発電の方法	かんきょうへのえいきょう
①　　　　発電	地球温だん化の原因（げんいん）の一つである二酸化炭素（にさんかたんそ）を多く出す。
②　　　　発電	発電しせつのダムをつくるときに大きなえいきょうをあたえる。
③　　　　発電	燃料であるウランやそのはいき物のあつかいがむずかしい。

31 くらしと電気・ガス
くらしと電気のこれから

りかい

▶▶▶ 答えはべっさつ7ページ

点数 ★ ★

点

①〜⑤：1問20点

！覚えよう！

右のグラフや絵を見て，次の □□□□ にあてはまる言葉を書きましょう。

・今の日本の発電の中心になっているのは①□□□□□□ 発電です。

・①□ 発電の燃料である②□□□□□□□□□ などのしげんにはかぎりがあることや，かんきょうへのえいきょうから，新しい発電方法の開発が進められています。

・新しい発電方法には，風力発電，太陽光発電，地熱発電などがあります。これらはいずれも燃料をほとんど使わず，③□□□□□□ エネルギーを利用しているので，④□□□□□□□ や放射性物質などのはいき物をほとんど出さない発電方法です。しかし，これまでの発電方法にくらべ，発電のための費用が多くかかることが問題点としてあげられます。

・くらしの中で，むだな電気を使わないようにする⑤□□□□□□ の取り組みも大切です。

10000
(億kWh)
火 力
水 力
原子力
8000
6000
4000
2000
0
1980 90 2000 10 20 21
(年度)
(日本国勢図会2023/24)

発電方法別の発電量のうつりかわり

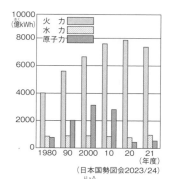

風力発電

太陽光発電

地熱発電

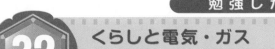

32 くらしと電気・ガス
くらしと電気のこれから

▶▶▶ 答えはべっさつ7ページ

1 (1) (2) 1問15点 (3) 25点 2 1問15点

1 右のグラフを見て，次の問題に答えましょう。

(1) 1980年度から2021年度まで，あまり発電量に変化がみられない発電方法はどれですか。（　　　　　）発電

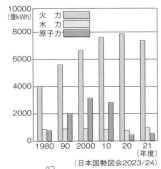

（日本国勢図会2023/24）
発電方法別の発電量のうつりかわり

(2) 2000年に，二番目に発電量が多かった発電方法はどれですか。

（　　　　　　　　）発電

(3) これらの発電方法にかわって，新しい発電方法の開発が進められている理由を説明した次の文の　　　　　　にあてはまる言葉を書きましょう。

> これまでの発電方法は，かんきょうへのえいきょうが大きく，燃料であるしげんには　　　　　　　があるから。

2 新しい発電方法や，電気をむだなく使う取り組みとして正しい文には○，まちがっている文には×をつけましょう。

① （　　）太陽光発電や地熱発電は，再生可能エネルギーを利用しているから，いつでもどこでも大量に発電できる。

② （　　）風車が回る力を使って発電する風力発電は，広い土地や多くの費用が必要だという問題がある。

③ （　　）たくさんの電気を使っているのは工場なので，家庭や仕事場でのふだんのくらしで節電の取り組みをすることはあまりゆうこうではない。

33 くらしと電気・ガス
ガスはどこから

りかい

▶▶▶ 答えはべっさつ8ページ　点数★

①～④：1問20点　⑤・⑥：1問10点

点

！覚えよう！

次の図は，ガスがどこから送られてくるのかを表したものです。
あとの◯◯◯にあてはまる言葉を書きましょう。

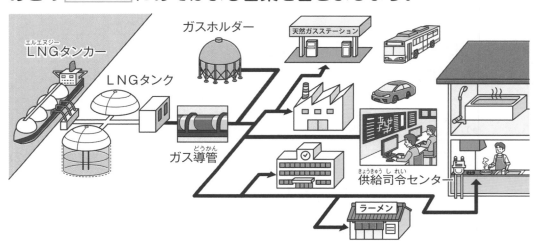

・ガスには ①＿＿＿＿＿＿＿ からつくられる都市ガスや，石油
　（プロパン）からつくられる ②＿＿＿＿＿ ガスなどの種類があ
　ります。

・ ① は， ③＿＿＿＿＿＿ で世界各国から運ばれてきます。

・つくられたガス（都市ガス）は，道路の下にある
　④＿＿＿＿＿＿ を通って，家や学校，会社などにとどけられま
　す。

・ガスには ⑤＿＿＿ や ⑥＿＿＿＿＿ がないため，ガスもれに気
　づけるよう，わざと ⑥ がつけられています。

34 くらしと電気・ガス
ガスはどこから

▶▶▶ 答えはべっさつ8ページ

★ 点数 ★

点

1 (1)1つ10点　(2)1つ10点　2 1問20点

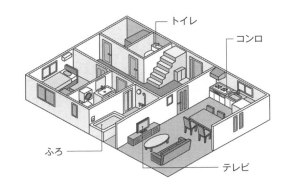

1 右の図を見て、次の問題に答えましょう。

(1) 家の中でガスが使われていると考えられるところを、右の図の中から2つ選んで書きましょう。

(　　　　　　) (　　　　　　)

(2) 次の文の（ ）の中から正しいものを1つずつ選んで、○でかこみましょう。

家で使われるガスのうち、天然ガスからつくられ、ガス導管を通じてとどけられるガスを （ LPガス　都市ガス ）といいます。天然ガスは主に （ 飛行機　タンカー ） を利用して、世界各国から運ばれてきています。

2 ガスの事故をふせぐためのくふうとして、正しいものには○を、まちがっているものには×をつけましょう。

① (　　) ガスメーターには、大きな地震にそなえて、自動でガスを止める安全そうちがついている。

② (　　) ガスはにおいが強いので、においを消してから家や学校、会社などにとどけられている。

③ (　　) ガス会社の人は、ガスがもれていないかどうかを一日中見守っている。

35 くらしとごみ
ごみの分別としゅう集

りかい

▶▶▶ 答えはべっさつ8ページ

点数 ｜　　　　　　　　点

①〜④：1問15点　　⑤・⑥：1問20点

★ 考えよう ★

次の▢▢▢にあてはまる言葉を書きましょう。

・ごみを出すときには，ごみを
いろいろな ①▢▢▢▢▢▢ に分
けて出しています。このことを，
ごみの ②▢▢▢▢▢▢ といいます。

しげん化物〔しげんごみ〕　　もえないごみ

もえるごみ　　　　　　そ大ごみ

・住む地いきによって，ごみを出す ③▢▢▢ や場所，出し方が決
められています。きまりを守ってごみを出すことで，ごみの
④▢▢▢▢▢▢ 作業がはかどり，ごみの量（りょう）もへらすことが
できます。

！ 覚えよう ！

次の▢▢▢にあてはまる言葉を書きましょう。

・わたしたちが出したごみは， ⑤▢▢▢▢▢▢車 でせ
いそう工場に運ばれます。ごみの種類（しゅるい）には，紙くずなどのも
えるごみ，ガラスなどのもえないごみ，あきびんなどの
⑥▢▢▢▢▢▢ 化物〔 ⑥ ごみ 〕などがあり，それぞれ
運ばれるしせつがちがっています。

36 くらしとごみ
ごみの分別としゅう集

練習

▶▶▶ 答えはべっさつ8ページ

1 (1)1つ10点　(2)10点　2 (1)20点　(2)1つ20点

点数　点

1 右の表は，わたしの家から出た，1週間のごみの種類を調べたものです。この表を見て，次の問題に答えましょう。

ごみの種類	月	火	水	木	金	土	日
生ごみ	○	○	○	○	○	○	○
紙くず	○	○	○		○	○	○
とう器・ガラス				○			
あきびん			○			○	○
あきかん	○	○				○	○
牛にゅうパック	○						
ざっし・新聞	○	○	○	○			
プラスチック・ビニール	○	○		○			
衣類						○	
そ大ごみ					○		

1週間のごみ調べ

(1) 月曜日から日曜日まで，毎日出ているごみは何ですか。3つ書きましょう。

（　　　　　　　）（　　　　　　　　　）
（　　　　　　　　　　　）

(2) あきびんは，どのようなごみとしてしゅう集されますか。⑦〜⑦から選んで，記号で答えましょう。　（　　　）

［　⑦もえるごみ　　⑦もえないごみ
　　⑦しげん化物〔しげんごみ〕　　　　　　］

2 右のグラフを見て，次の問題に答えましょう。

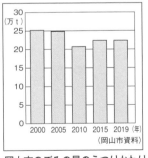

岡山市のごみの量のうつりかわり

(1) 岡山市では，ごみの量をへらす取り組みをしています。ごみの量が25万tを下回ったのは，何年からですか。

（　　　　　　　年）

(2) (1)のようになってきた理由として，正しいものを2つ選んで，記号で答えましょう。　（　　　）（　　　）

⑦こわれやすく，使いすてになるものがふえた。

⑦しげん化物〔しげんごみ〕の回しゅうが進んだ。

⑦物をすぐにすてず，使い回しや再利用をすることがふえた。

39

37 くらしとごみ
せいそう工場のしくみ

りかい

▶▶▶ 答えはべっさつ8ページ　点数

①〜⑤：1問20点

点

 考えよう

次の ☐ にあてはまる言葉を書きましょう。

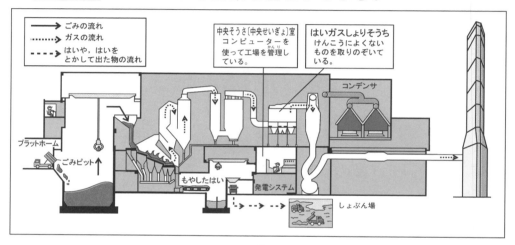

・もえるごみは、しゅう集車で① ☐ 工場 へ運ばれます。

・工場の中は、② ☐ 室 で管理されています。

・ごみをもやして出た③ ☐ や、もえないごみは、

④ ☐ にうめられています。

！覚えよう！

・はいは、アスファルトやセメントの材料などとして

⑤ ☐ されています。しょぶん場の数や広さには

かぎりがあるので、ごみをへらしていく必要があります。

38 くらしとごみ
せいそう工場のしくみ

 練習

▶▶▶ 答えはべっさつ9ページ

1 (1) 1問10点　　(2)(3) 1問20点

1 次の図は，ごみをしょりするしせつのしくみを表したものです。この図を見て，あとの問題に答えましょう。

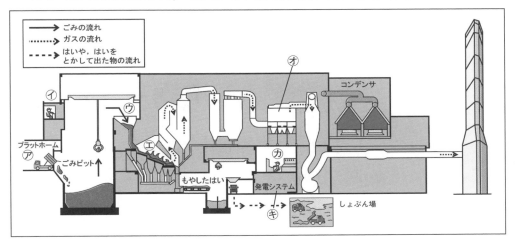

(1) 次の①〜⑥の文は，図の中の⑦〜④のどれについて説明したものですか。（　）に記号を書きましょう。

①集めたごみを投入（　　　）　②ガスをきれいにする。（　　　）
する。

③工場を管理する。（　　　）　④クレーンを動かす。（　　　）

⑤ごみをもやす。（　　　）　⑥熱で電気をつくる。（　　　）

(2) ごみをもやして出たはいは，一部は再利用されていますが，残りはどこに運ばれますか。　（　　　　　　　　　　）

(3) 上の図のような，ごみをしょりするしせつのことを，何といいますか。　　　　（　　　　　　　　　　）

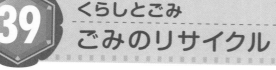
 勉強した日　月　日

 りかい

▶▶▶ 答えはべっさつ9ページ

①〜④：1問15点　⑤・⑥：1問20点

点数　点

！覚えよう！

次の□□□にあてはまる言葉を書きましょう。

・びん・かん・ペットボトルなどの

①□□□□□□化物〔　①　ご

み〕は，つくり直したり原料にも

どしたりして，ふたたび使える

ようにしています。このことを

びん → カレット → 再生びんなど
かん(アルミ・スチール) → 再生地金・スラブ → アルミ・鉄製品・再生かんなど
ペットボトル → ペレット → バッグ・服など

②□□□□□□□□□といいます。スーパーマーケットなど

では，□①□化物〔□①□ごみ〕の回しゅうボックスを置き，食

品トレイやペットボトルなどの□②□を進めており，

③□□□□□□□□□は服やバッグなどに，④□□□□□□は

アルミや鉄製品などにリサイクルされています。

・家具などの⑤□□□□□ごみは，すてずにリサイクルプラザな

どに持っていくことで，再利用すること

ができます。

・ごみをへらすための取り組みとして，リ

フューズ・リデュース・リユース・□②□

の４つがあり，それぞれの英語の頭文字

をとって⑥□□□□□□といいます。

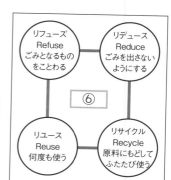

リフューズ Refuse ごみとなるものをことわる
リデュース Reduce ごみを出さないようにする
⑥□□□
リユース Reuse 何度も使う
リサイクル Recycle 原料にもどしてふたたび使う

40

くらしとごみ
ごみのリサイクル

▶▶▶ 答えはべっさつ9ページ

1 (1)1つ10点 (2)20点 **2** 1問20点

1 右の絵は，スーパーマーケットのし
げん化物〔しげんごみ〕の回しゅう
ボックスです。これについて，次の
問題に答えましょう。

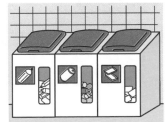

(1) 右の絵のようなボックスで回しゅう
されているものをかん以外に2つ書きましょう。

( ) ( )

(2) このような回しゅうボックスを置いているのは，何のため
ですか。

( ) を進めてごみをへらすため。

2 しげん化物〔しげんごみ〕のリサイクルの流れを表した，次
の図の( )にあてはまる言葉を下から選んで，㋐〜㋔の記号
で答えましょう。

しげん化物〔しげんごみ〕   原料   新たな製品

| (①) | → | ガラスのかけら | → | 再生びんなど |

| かん | → | アルミや(②)
のかたまり | → | アルミ・鉄製品
や再生かんなど |

| (③) | → | (③)をとかしてつくった
つぶ(ペレット) | → | 服やバッグ
など |

㋐ペットボトル   ㋑紙   ㋒びん   ㋓家具   ㋔鉄

43

41 くらしとごみ
ごみをへらすために

▶▶▶ 答えはべっさつ9ページ

点数 ★

①〜⑤:1問16点 　⑥・⑦:1問10点

点

！覚えよう！

次の □ にあてはまる言葉を書きましょう。

・70年くらい前は，トラックや荷車などで，さまざまなごみ
を ① □ せずにまとめてしゅう集していました。

・買い物のしかたが変(か)わり，ごみがふえるよう
になると，ごみの ② □ にかかる費用(ひよう)
もふえ，問題になりはじめました。そのため，
ごみを ① してしゅう集したり，びんやかん，
③ □ などのしげん化物〔しげ
んごみ〕を ④ □ したりして，ごみを
⑤ □ くふうをするようになりました。

昔と今の買い物

・回しゅうした古紙や紙パックからトイ
レットペーパーをつくったり，いらな
くなったテレビやデジタルカメラなど
の ⑥ □ を回しゅうして ④ した
りするくふうがされています。

リサイクルしてできた品物

・店のプラスチック製(せい)の ⑦ □ が有料(ゆうりょう)になり，品物
を入れるためのふくろを持ってきてもらうようによびかけて
います。

42 くらしとごみ
ごみをへらすために

▶▶▶ 答えはべっさつ9ページ

1 (1)1問20点　(2)1問10点

点

1 ごみをへらすためのくふうについて，次の問題に答えましょう。

①
ごみの分別しゅう集

②
フリーマーケットの様子

③
サッカー観戦で使われる
リユースの食器

(1) 上の絵にあう文を下の㋐〜㋒から選んで，記号で答えましょう。

　　　①（　　　）　②（　　　）　③（　　　）

㋐使わなくなった品物を持ちよって，ほかの人に使ってもらえるようにしている。

㋑ごみが出ないように，使い回しできる食器を使っている。

㋒しげん化物〔しげんごみ〕を何種類かに分けて出す。

(2) ごみをへらすくふうとして，正しいものには○を，まちがっているものには×をつけましょう。

①（　　　）いらないものは，買わないようにする。

②（　　　）つめかえできる品物を買うようにする。

③（　　　）買い物をするときには，ふくろを持っていく。

④（　　　）プレゼント用に新しいふくろを店で買う。

43 くらしとごみのまとめ

▶▶▶ 答えはべっさつ10ページ　**点数**　　　点

1 (1) 1問20点　(2) 1つ20点　**2** 20点

1 ごみのしょりについて，次の問題に答えましょう。

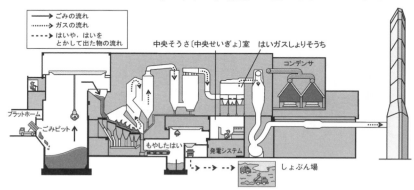

(1) 次の文は，せいそう工場について説明（せつめい）したものです。あてはまるところを上の図の中から選（えら）んで書きましょう。

①コンピューターを使って，　（　　　　　　　　　）
工場を管理（かんり）している。

②人の体によくないガスを，　（　　　　　　　　　）
きれいにする。

(2) せいそう工場に運ばれるのは，どんなごみですか。次の⑦〜エから2つ選んで，記号で答えましょう。

（　　）（　　）

⑦空きびん　　⑦布（ぬの）くず　　⑦タンス
エ生（なま）ごみ

◇チャレンジ◇

2 ごみをへらすためのくふうとして，買い物をするときにはどんなことに気をつければよいですか。考えて書きましょう。

（　　　　　　　　　　　　　　　　　　　　　　　）

くらしとごみのまとめ

44 ごみをへらす合言葉は？

▶▶▶答えはべっさつ10ページ

☆ ☆ ☆ ☆ ☆ ☆ ☆ ☆ ☆ ☆ ☆ ☆ ☆ ☆ ☆

しげん化物に色をぬりましょう。出てくる文字は何かな？

しげん化物 ▶ かん びん ペットボトル

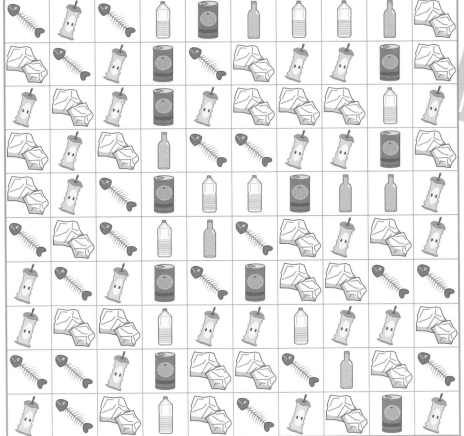

答え 4 ◻

45 自然災害が起きたら
さまざまな自然災害

りかい

▶▶▶ 答えはべっさつ10ページ　点数　★

①～⑤：1問20点　　　　　　　　　点

！覚えよう！

次の◯◯◯にあてはまる言葉を書きましょう。

・地震（じしん）や火山の ①◯◯◯◯ ，ぼう風，ごう雨，ごう雪などの

自然（しぜん）げんしょうによって起こるひがいのことを

②◯◯◯◯ といいます。

★考えよう★

次の図を見て，あとの◯◯◯にあてはまる言葉を下から選（えら）んで
書きましょう。

・川ぞいの地いきでは，ごう雨などにより川の水量（すいりょう）がふえて，

③◯◯◯◯ が起きることがあります。

・④◯◯◯ に面した地いきでは，大きな ⑤◯◯◯◯ が起きると，

津波（つなみ）が来るおそれがあります。

〔海　　がけくずれ　　地震　　火事　　こう水〕

46

自然災害が起きたら

さまざまな自然災害

練習

▶▶▶ 答えはべっさつ10ページ

1 1問20点　2 1つ20点

★点数★
点

1 1995年1月17日に起きた阪神・淡路大震災について表した，下の2つの資料を見て，正しいものには○を，まちがっているものには×をつけましょう。

なくなった人	6434人
けがをした人	4万3792人
こわれた家	63万9686戸
火災の件数	293件
やけた家	7574戸

（総務省消防庁資料）
阪神・淡路大震災のひがい

電気	1995年1月23日
電話	1995年1月31日
ガス	1995年4月11日
水道	1995年4月17日
下水道	1995年4月20日
鉄道	1995年8月23日

生活に必要なものが復旧した日

①（　　　）元通りになるのが最もおそかったのは鉄道である。

②（　　　）300件以上の火災のひがいがあった。

③（　　　）地震が起きてから電気が復旧するまでには1週間以上かかった。

2 次の絵は自然災害から人々を守るために設置されたものです。どの災害にそなえたしせつか，2つ選んで㋐〜㋓の記号で答えましょう。

ここは
海抜 **2.7m**
above sea level
○○市

土地の高さをしめす
ひょうしき

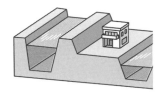

ていぼう

［㋐こう水　　㋑火山のふん火
　㋒ぼう風　　㋓津波　　　　］（　　　）（　　　）

47 自然災害が起きたら
公助・共助・自助

▶▶▶ 答えはべっさつ11ページ

★点数★

①～③：1問20点　④～⑥：全問正解で40点

点

！覚えよう！

右の３つの絵について，□□□にあてはまる言葉を下から選んで書きましょう。

・県や市などでは，地震(じしん)などの災害(さいがい)が起きたときの対応(たいおう)をしめした ①□□□□□□ を定めています。 ① は地いきにくわしい人が協力(きょうりょく)することで，より役立つものになります。

地いき防災計画を決める話し合い

・ ②□□□□□ とは，災害が起きたときにきけんな場所や，ひなん場所をしめしたものです。

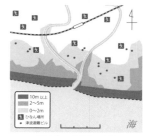

ハザードマップ

・地いきでは，定期的(ていきてき)に ③□□□□□□ を行い，災害にそなえています。お年よりやしょうがいのある人が安全にひなんできるかをたしかめることも大事です。

・国や県，市などによる防災(ぼうさい)の取り組みを ④□□□□□，地いきの人々と助け合うことを ⑤□□□□，自分や家族の命を守るための防災の取り組みを ⑥□□□□ といいます。

防災訓練をする人々

〔公助　自助　共助(きょうじょ)　防災訓練(くんれん)　地いき防災計画
ハザードマップ〕

48 自然災害が起きたら
公助・共助・自助

 練習

▶▶▶ 答えはべっさつ11ページ

点数

点

1 1問15点 **2** (1)(2)1問15点 (3)25点

1 次の文は，地震へのそなえについて説明したものです。正しいものには○，まちがっているものには×をつけましょう。

① ( ) 地震などにそなえて地いき防災計画をつくるのはとてもむずかしいので，地いきの人がつくるのではなく，せんもん家に全部まかせておくのがよい。

② ( ) 国や県，市などと地いきの人々は別々に防災に取り組んでおり，協力することはない。

③ ( ) 各家庭でも，災害が起きたときにどのように行動するかを話し合っておくのがよい。

◇ チャレンジ ◇

2 右の絵を見て，次の問題に答えましょう。

(1) 地震などにそなえて，地いきの人々と消防しょの人などが協力して行う訓練を何といいますか。

( )

(2) バケツリレーや消火器の訓練は，地震のときにどのような災害が起きることにそなえて行われますか。

( )

(3) (1)を行うときには，自力でひなんできない人が安全にひなんできるかをたしかめることも大事です。「自力でひなんできない人」としては，どのような人が考えられますか。

( )

49 自然災害が起きたら
地震が起きたら

▶▶▶ 答えはべっさつ11ページ　点数
①〜⑤：1問20点　　　　　　　点

!覚えよう!

次の □□□ にあてはまる言葉を書きましょう。

・日本では，これまでさまざまな場所で多くの地震（じしん）が発生しています。なかでも，1995（平成（へいせい）7）年1月17日に起こった阪神（はんしん）・淡路大震災（あわじだいしんさい）と，2011（平成23）年3月11日に起こった ①□□□□□ は，特（とく）に大きなひがいをもたらしました。

・地震にそなえて ②□□□□□ を日ごろから行うことが大事です。学校では，②□ でつくえの下にかくれたり，ヘルメットなどをかぶって校庭に集まったり，海ぞいの地いきにある学校では地震のあとの ③□□□□ にそなえて，校しゃの高いところに集まったりします。

・地震があったとき，学校は地いきの人々の ④□□□□□ になったり，児童（じどう）や生徒（せいと）がたいきする場所になったりします。そのため，食料（しょくりょう）となるパンや水，ごはんをたく道具や毛布（もうふ）などをほかんしている ⑤□□□□□ が置（お）かれているところもあります。

50 自然災害が起きたら
地震が起きたら

▶▶▶ 答えはべっさつ11ページ

1 1問15点 **2** ①・②：1問15点 ③：25点

点数 点

1 次の絵は，学校での地震へのそなえを表したものです。あてはまる内容を下から選んで，⑦～⑰の記号で答えましょう。

①

②

③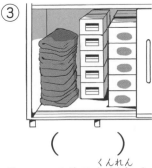

（　　　） （　　　） （　　　）

⑦ 地震のあとの津波にそなえて，高いところににげる訓練を行っている。

⑦ 学校がひなん所となったときのために，食料や毛布などをほかんしている。

⑰ 高いところから落ちてくるものから頭を守るための用具をそなえている。

2 地震へのそなえについて，正しい文には◯，まちがっている文には×をつけましょう。

①（　　　）学校にある防災びちく倉庫には，その学校の児童や先生にだけ配る食料がほかんされている。

②（　　　）学校にいるときに地震が起きたときは，むかえがくるまで，学校にたいきするのがよい場合もある。

③（　　　）地いきの人々は，日ごろから防災びちく倉庫の点検や，ひなん所を開設するための訓練などを行っている。

51 自然災害が起きたらのまとめ

▶▶▶ 答えはべっさつ12ページ 点数 ★

点

1 25点 **2** (1)25点 (2)1問25点

1 地震が起きたときに海ぞいの地いきで気をつける自然災害を，次の㋐〜㋑から1つ選んで，記号で答えましょう。

（　　）

㋐火山のふん火　　㋑ごう雪　　㋒津波
㋓たつまき　　㋔ぼう風

2 下の図は，自然災害からくらしを守るためのしえんや取り組みを表しています。あとの問題に答えましょう。

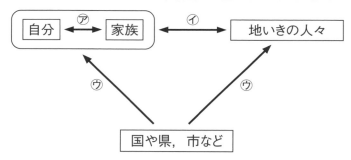

自分 ←㋐→ 家族　←㋑→　地いきの人々

㋑　　　㋑

国や県，市など

（1）図の㋑にあてはまる，災害が起きたときに近所や地いきの人々と助け合うことを，何といいますか。

（　　　　　　　）

（2）次の文のしえんや取り組みは，図の㋐〜㋑のどれにあてはまりますか。それぞれ1つ選んで，記号で答えましょう。

① （　　）自然災害が起きたときのひがいを予測して，地いきでハザードマップをつくる。

② （　　）水道や電気，ガスが止まったときのために，ひなん用のリュックを用意しておく。

52

自然災害が起きたらのまとめ
「めいろ」通りぬけクイズ

▶▶▶ 答えはべっさつ12ページ

☆ ☆ ☆ ☆ ☆ ☆ ☆ ☆ ☆ ☆ ☆ ☆ ☆ ☆

下の「めいろ」をスタートから，4か所のチェックポイント
①②③④の質問（しつもん）に正しく答えてゴールしよう。

スタート→

① ② ③ ④

ゴール→

---

①のカギ

家の近くで起きるかのうせいがある災害（さいがい）をかくにんしましょう。どちらを見ればよいでしょうか。

教科書 →上へ
ハザードマップ →下へ

---

②のカギ

ひなん先やひなん経路（けいろ）を決めましょう。大雨で家からひなんするとき，どちらへ行くべきでしょうか。

川ぞいの小学校 →左へ
高台の中学校 →右へ

---

③のカギ

ひなんの開始とかんりょうのタイミングを決めましょう。どちらのタイミングでひなんしはじめると安全でしょうか。

室内に水が入ってきたとき →上へ
こう水けいほうが出たとき →下へ

---

④のカギ

ひなんまでにじゅんびしておく物を考えましょう。非常食（ひじょうしょく）や電とうなど，生活に必（ひつ）要（よう）なもののそなえを何といいますか。

きちょう品 →上へ
びちく品 →右へ

53 伝統・文化と先人たち
地いきの伝統・文化

▶▶▶ 答えはべっさつ12ページ

点数

①～③：1問12点　④～⑦：1問16点

点

！覚えよう！

次の □□□□ にあてはまる言葉を下から選んで書きましょう。

・地いきには，人々が受けついできた ①□□□□□ があります。

　①□ の多くは，もともとは作物のほう作をいのったり，ほう漁^{りょう}

　をいわって ②□□□□ に感しゃしたりするためなどに行われて

　いました。

・①□ で見られる，右の絵のような

　ものを，③□□□□□ といいます。

・歌やおどり，がっきなど，地いき

　の人が受けついできたものを，④□□□□芸^{げい}のう といい

　ます。④□ は，学習するだけでなく，実際^{じっさい}に ⑤□□□□ さ

　せてもらうことによって，より深く学ぶことができます。

・右の絵は，⑥□□□□県 の ④□

　である伊予万歳^{い よ まんざい}の様子です。伊予

　万歳は，350年以上^{いじょう}前から伝^{つた}わる，

　正月に家をほうもんして歌ったり

　おどったりする芸で，⑦□□□□□ を使っています。

```
┌                                      ┐
  海      きょう土    祭り    みこし
  たいけん          えひめ
  体験    おうぎ    愛媛
└                                      ┘
```

54 伝統・文化と先人たち
地いきの伝統・文化

▶▶▶ 答えはべっさつ12ページ

1 (1)1問20点　(2)1つ10点

点数

点

1 地いきの伝統・文化について，次の問いに答えましょう。

(1) 地いきの祭りやきょう土芸のうについて，正しいものには
　◯を，まちがっているものには×をつけましょう。

　① (　　) 祭りはもともと，作物のほう作をいのったり，ほ
　　　　　　う漁をいわって海に感しゃしたりするために行わ
　　　　　　れていた。

　② (　　) 祭りは，はやりにえいきょうされ，今では古くか
　　　　　　ら残っているものはほとんどない。

　③ (　　) きょう土芸のうは，子どもでは体験できない。

　④ (　　) 祭りもきょう土芸のうも，地いきの人々によって
　　　　　　受けつがれてきたものである。

(2) 次のうち，きょう土芸のうにあてはまるものはどれですか。
　　正しいものを⑦～⑤から２つ選んで，記号を書きましょう。

⑦　　　　　　　⑦　　　　　　　⑦　　　　　　　⑤

ヒップホップダンス　祭りのふえやたいこ　すいそう楽のえんそう　地いきに伝わるおどり

(　　　)(　　　)

55 伝統・文化と先人たち
新田をつくった先人

▶▶▶ 答えはべっさつ12ページ

点数

①〜⑤：1問20点

点

★ 考えよう ★

次の年表と図を見て，あとの ◯◯◯ にあてはまる言葉や数字を書きましょう。

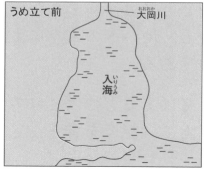
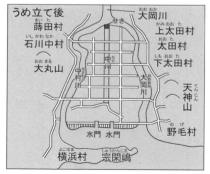

〈吉田勘兵衛が吉田新田を開くまで〉			
1656年	江戸の役所からうめ立てるゆるしをもらい，工事を始める。	1667年	工事が終わる。
1657年	大雨がふって，ていぼうがこわれる。	1669年	将軍から「吉田新田」という名前をもらう。
1659年	砂村新左衛門や友野与右衛門に協力をたのみ，改めて役所のゆるしをえて，ふたたび工事を始める。	1673年	勘兵衛が日枝神社を建てる。

・神奈川県横浜市には，① □□□□□ をうめ立てた土地に吉田勘兵衛が開いた② □□□□□ がありました。勘兵衛は，大岡川の河口あたりにじょうぶなていぼうをつくり，土地をうめ立てる工事を進めました。③ □□□□□ 年には，大雨で④ □□□□□ がこわれてしまいましたが，ふたたび工事を始め，⑤ □□□□□ 年に工事を終えることができました。

56 伝統・文化と先人たち
新田をつくった先人

▶▶▶ 答えはべっさつ13ページ

1 1問20点

点数 ★ ｜ 点

1 吉田新田についての年表と表を見て，あとの問題に答えましょう。

〈吉田勘兵衛が吉田新田を開くまで〉	
1656 年	江戸の役所からうめ立てるゆるしをもらい，工事を始める。
1657 年	大雨がふって，ていぼうがこわれる。
1659 年	砂村新左衛門や友野与右衛門に協力をたのみ，改めて役所のゆるしをえて，ふたたび工事を始める。
1667 年	工事が終わる。
1669 年	将軍から「吉田新田」という名前をもらう。
1673 年	勘兵衛が日枝神社を建てる。

完成した土地の広さ	約 11,543 a（水田約 9,332a, 畑地約 2,013a, 寺地・たく地約 198a）
かかった費用	8,038 両
土をとった場所	天神山（長さ約130 m，高さ約45 m）大丸山（長さ約290 m，高さ約45 m）宗閑嶋（長さ約180 m，はば約72 m）
うめ立てに使った石	安房（今の千葉県），伊豆（今の静岡県）より運ぶ。
完成後の米のとれ高	1,038 石

(1) 工事を始めて，工事が終わるまでに何年かかりましたか。

（　　　　　　　　　年）

(2) うめ立てて完成した土地の広さを答えましょう。

（約　　　　　　　　a）

(3) 吉田新田について，正しい文には○，まちがっている文には×をつけましょう。

　①（　　　）ていぼうは一度もこわれず工事を進めることができた。

　②（　　　）吉田新田のうめ立てには，天神山などの土を使った。

　③（　　　）吉田新田が完成して，水田や畑が広がった。

57 伝統・文化と先人たち
用水をつくった先人

りかい

▶▶▶ 答えはべっさつ13ページ

点数

①〜⑥：1問15点　⑦：1問10点

点

！覚えよう！

次の▢▢▢にあてはまる言葉を書きましょう。

・生活や農業などに使うための水や水路のことを①▢▢▢と
いいます。

・水は高いところから低いところに流れるため，①▢をつくる
には土地の②▢▢▢を調べる必要があります。

★考えよう★

次の▢▢▢にあてはまる言葉を
右の年表を見て書きましょう。

・坂本養川が生まれた③▢▢▢
村では，川に水が少なく，上流
で畑の多くを④▢▢▢に変え
ると，下流にある田の水が不足
しました。

・水が不足するようになると，
⑤▢▢▢をつぶしたり，ひで
りが続いて

⑥▢▢▢を起こ
したりすることもありました。

・養川は1792年に⑦▢▢▢用水をつくりました。

年	できごと
1736	・坂本養川が田沢村に生まれる。
1756	・水不足のため新田をつぶす。畑を田にすることを禁止する。
1758	・養川，田沢村名主となる。
1763	・養川，江戸に出て，用水のつくり方を勉強する。
1770	・雨がふらず，ひでりが続き，水あらそいが起きる。
1774	・養川，この地いきの水の利用の様子を調べる。
1775〜1783	・養川，用水をつくることをお願いする手紙を，との様に6回にわたって出す。
1785	・最初の用水の滝之湯用水をつくる。
1792	・大河原用水ができる。
1801	・多くの用水をつくり，役人に取り立てられる。
1804	・養川，役人をやめる。

伝統・文化と先人たち
用水をつくった先人

練習

▶▶▶ 答えはべっさつ13ページ

1 (1) 12点　(2) 1問12点　**2** 40点

点数　　　　　　点

1 大河原用水について調べたことをまとめた地図を見て，次の
問題に答えましょう。

(1) 大河原用水は，何本の
川をこえていますか。

（　　　本）

(2) 用水と川について，
（　　）にあてはまる方
位を四方位で書きま
しょう。

・大河原用水は，

㋐（　　　　　）から

㋑（　　　　　）に向かって流れている。滝ノ湯川，渋川，柳

川は，㋒（　　　　　）から㋓（　　　　　）に流れている。

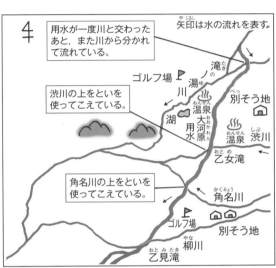

矢印は水の流れを表す

用水が一度川と交わった
あと，また川から分かれ
て流れている。

渋川の上をといを
使ってこえている。

角名川の上をといを
使ってこえている。

ゴルフ場
滝ノ湯川
別そう地
温泉
湖
大河原用水
温泉　渋川
乙女滝
角名川
ゴルフ場
別そう地
柳川
乙見滝

◆チャレンジ◆

2 右の米がとれる量の変化の図を見
て，用水を開いてどう変化したか
書きましょう。

（　　　　　　　　　　　　　　）

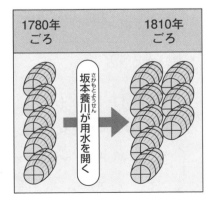

1780年
ごろ

1810年
ごろ

坂本養川が用水を開く

59 伝統・文化と先人たち
博物館へ行こう

 りかい

▶▶▶ 答えはべっさつ13ページ

点数 □ 点

①～④：1問10点　⑤～⑦：1問20点

★ 考えよう ★

次の □ にあてはまる言葉を下から選んで書きましょう。

・地いきの昔の様子は，① [　　　　　] へ

行って調べることができます。

・用水をつくるときや，新田(しんでん)を開くときは，
地いきの人たちが，田畑の仕事の合間(あいま)にい
ろいろな道具を使って参加(さんか)しました。

・土や石を運ぶ② [　　　　　]，土や石を

つめて土手をつくるたわら，土をかきよせ

る③ [　　　　]，土をほる④ [　　　]，

くいを打つかけやなどの道具を使い，機械(きかい)

ではなく⑤ [　　　]の力だけで工事が進め

られたため，できあがるまでに，

⑥ [　　　]い年月が必要(ひつよう)でした。

・地いきの⑦ [　　　]によって開かれた用水

や新田は，今もわたしたちの生活になくて

はならない大切なものです。

[じょれん　　もっこ　　くわ　　人
　長　　先人　　博物館(はくぶつかん)]

土や石を運ぶ

もっこ

土や石をつめ，土手をつくる

たわら

土をかきよせる

じょれん

土をほる

くわ

くいを打つ

かけや

伝統・文化と先人たち
博物館へ行こう

▶▶▶ 答えはべっさつ13ページ

1 1つ20点　2 1問10点

★点数★

点

1 きょう土のはってんにつくした人々のことを知りたいとき，どのように調べたらよいでしょうか。次の⑦〜⑨からよいものを３つ選んで，記号で答えましょう。

（　　　）（　　　）（　　　）

⑦博物館や図書館に行って資料を調べる。

⑦古くからそこに住んでいる人に話を聞く。

⑨地図や気候図を見る。

⑨駅前を通っている人に話を聞く。

⑨どうぞうや記念ひなどがある場所を調べる。

2 次の絵は，昔，地いきに用水をつくったり新田を開いたりするときに，工事に使われた道具です。それぞれの使い方を下から選んで，⑦〜⑨の記号で答えましょう。

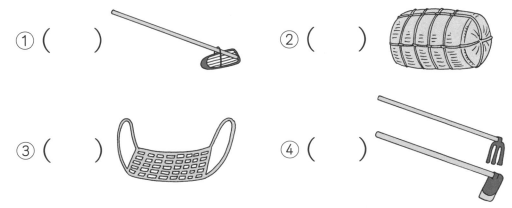

①（　　　）　　　　　②（　　　）

③（　　　）　　　　　④（　　　）

⑦土や石を運ぶ。　　　⑦土や石をつめて土手をつくる。

⑨土をかきよせる。　　⑨土をほる。

61 伝統・文化と先人たちのまとめ(1)

▶▶▶ 答えはべっさつ13ページ　★点数★

1 1問25点

点

1 次の図は, 和歌山県のはってんに力をつくした人たちについてかかれたものです。図を見て, あとの問題に答えましょう。

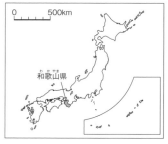

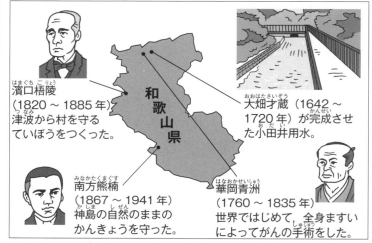

濱口梧陵
(1820 ～ 1885 年)
津波から村を守る
ていぼうをつくった。

大畑才蔵 (1642 ～
1720 年) が完成させ
た小田井用水。

南方熊楠
(1867 ～ 1941 年)
神島の自然のままの
かんきょうを守った。

華岡青洲
(1760 ～ 1835 年)
世界ではじめて, 全身ますい
によってがんの手術をした。

(1) 次の文にあてはまる人の名前を下から選んで, ⑦～⑨の記号で答えましょう。

①津波から村を守るためのていぼうをつくった。（　　）

②神島のかんきょうを守る活動に取り組んだ。（　　）

⑦華岡青洲　　⑦南方熊楠　　⑨濱口梧陵

(2) 大畑才蔵がつくった用水の名前を書きましょう。

（　　　　　）

(3) 華岡青洲の職業は何でしたか。下から選んで, ⑦～⑨の記号で答えましょう。

（　　）

⑦大工　　⑦役人　　⑨医者　　①商人

62 伝統・文化と先人たちのまとめ(2)

▶▶▶ 答えはべっさつ14ページ ★点数★

1 1問25点　　　　点

1 日本の各地で行われた用水の工事についてまとめた，次の表を見て，あとの問題に答えましょう。

用水の名前	場　所	完成した年	工事の中心者
玉川上水	多摩川－江戸（東京都）	1654	玉川庄右衛門・玉川清右衛門
深良用水	芦ノ湖－深良村（静岡県）	1670	大庭源之丞・友野与右衛門
大河原用水	滝ノ湯川－田沢村（長野県）	1792	坂本養川
安積疎水	猪苗代湖－郡山市（福島県）	1882	中條政恒
琵琶湖疎水	琵琶湖－京都市（京都府）	1890	北垣国道（京都府知事）・田辺朔郎（技師）
烏山用水の修復	相模川－田名村（神奈川県）	1894	江成久兵衛
愛知用水	木曽川－知多半島（愛知県）	1961	アメリカの技術会社

(1) 1654年に，東京都でつくられたのは，何という用水ですか。　　　　　　　　　　　　（　　　　　　　　）

(2) 大河原用水を中心になってつくった人の名前を書きましょう。　　　　　　　　　　　　（　　　　　　　　）

(3) 京都府知事だった北垣国道は，どこの水を京都に引こうと考えましたか。⑦～⑨から選んで，記号で答えましょう。　　　　　　　　　　　　　　　　　　（　　　　）
⑦琵琶湖　　⑦大阪湾　　⑨日本海

(4) 1961年にアメリカの技術会社が中心となってつくられた用水を何といいますか。　　（　　　　　　　　）

63

特色のある地いき

自然を生かしたまちづくり

りかい

▶▶▶ 答えはべっさつ14ページ

答えはべっさつ14ページ

★点数★

①～⑤：1問20点

点

★考えよう★

次の □□□ にあてはまる言葉を書きましょう。

真庭市

岡山県

0　　　5km

・岡山県の ① 　　　　 部の地いきは，

山地や高原が多いです。

・真庭市にある蒜山高原は，高さが

500mぐらいのところにあり，

夏の

② 　　　　　　　や

冬の

③ 　　　　　　　

キャンプ場

スキー場

など，レジャーや観

光を目的に多くの人

がおとずれます。

・蒜山高原は，なだらかな地形と，夏に雨が ④ 　　　　 気候を利用

して，牧草をつくり，⑤ 　　　　　　　 を育てています。このよ

うに自然や気候

の特色を生かし

た産業がさかん

です。

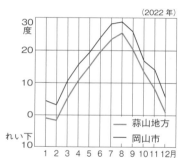

（2022年）

30度

20

10

0

れい下10

1 2 3 4 5 6 7 8 9 10 11 12月

蒜山地方

岡山市

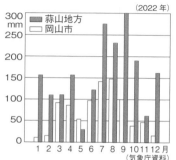

（2022年）

300mm
250
200
150
100
50
0

■蒜山地方
□岡山市

1 2 3 4 5 6 7 8 9 10 11 12月

（気象庁資料）

蒜山地方と岡山市の気温と降水量

特色のある地いき
自然を生かしたまちづくり

▶▶▶ 答えはべっさつ14ページ

1 1問20点　　2 1問20点

点数

点

1 下の文にあてはまる絵を㋐〜㋒から選んで，記号で答えましょう。

①冬の雪を生かして，スキー場を開く。　　　　　（　　　）

②山のスギを切り出して，柱や板にする。　　　　（　　　）

③夏は，多くの人がキャンプ場にやってくる。　　（　　　）

◇チャレンジ◇

2 右の資料を見て，次の問題に答えましょう。

(1) ㋐のグラフは，蒜山地方と岡山市の気温を表しています。どちらの気温が高いですか。

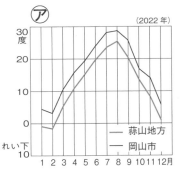

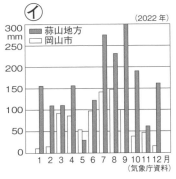

（　　　　　　　）

(2) ㋑のグラフは，蒜山地方と岡山市の降水量を表しています。蒜山地方で最も降水量が多いのは何月ですか。

（　　　　　月）

67

65

特色のある地いき
景観を生かしたまちづくり

▶▶▶ 答えはべっさつ14ページ

① 〜 ⑤：1問20点

点数 ☆

点

☆ 考えよう ☆

次の □ にあてはまる言葉を下から選んで書きましょう。

・宮城県の松島町は，美しい自然の ① で有名で，「日本三景」にも選ばれています。また，古い ② やまちなみも残っており， ① を生かしたまちづくりをしています。そのため松島町では，新しい建物を建てるときは， ① に合う色や形にするよう気をつけています。

・美しい自然かんきょうを守るため，松島町の ③ は，町役場の人といっしょに勉強会を開いたり，観光客と協力して ④ 活動に取り組んだりしています。

地いきの住民と観光客による松島湾のせいそう活動

・これからも ① を生かしたまちづくりを続けるため，松島町では，小・中学生が外国から来た人々に英語で案内をしたり，高校に ⑤ 科をつくったりしています。

高校の観光科の生徒による観光ボランティアガイド

〔 住民　せいそう　文化財　景観　観光 〕

66 特色のある地いき
景観を生かしたまちづくり

▶▶▶ 答えはべっさつ14ページ

1 (1) 1つ20点 (2) 1問20点

1 松島町の景観に関する次の年表を見て，あとの問題に答えましょう。

年	主なできごと
828	瑞巖寺が建てられる。
1609	伊達政宗が瑞巖寺を再建する。 江戸時代，松島が日本三景として有名になる。
1689	松尾芭蕉が松島をおとずれる。
1923	松島が名勝に指定される。
1952	松島が特別名勝に指定される。
2014	景観条例がつくられる。
2015	都市景観大賞を受賞する。

(1) 松島町にゆかりのある人物の名前を，表の中から2つ，さがして書きましょう。

（　　　　　　　）（　　　　　　　　）

(2) 松島町の景観とまちづくりについて，正しいものには○を，まちがっているものには×をつけましょう。

① （　　　）松島の景観が有名になったのは1600年代のことであり，昔から観光業がさかんだった。

② （　　　）松島町は都市景観大賞を受賞した次の年，景観を守るために景観条例というどくじのきまりをつくった。

③ （　　　）現在の松島は，名勝には指定されているが，特別名勝には指定されていない。

67 特色のある地いき
伝統的な産業とまちづくり

りかい

▶▶▶ 答えはべっさつ14ページ

①〜⑤：1問20点

点

！覚えよう！

次の □□□ にあてはまる言葉を下から選んで書きましょう。

・地いきの自然や，古くから伝わる ① □□□□□ を生かして受けつがれてきた産業を，② □□□□ 的（てき）な産業といいます。

・右の絵のような焼（や）き物や塗物（ぬりもの）をつくるには，③ □□□□ や燃（ねん）料（りょう）を手に入れやすいことが大切です。

・② 的な産業は，④ □□□□□□□ で行われることが多く，昔（むかし）からの ① を受けついだ人や作家によってささえられています。

・② 的な産業をより広めていくため，通信（つうしん）はん売をしたり，イベントを開いて国内のほかの地いきや⑤ □□□□ の人たちと交流（こうりゅう）したりする取り組みが行われています。

丹波立杭焼（たんばたちくいやき）（兵庫（ひょうご）県）　輪島塗（わじまぬり）（石川（いしかわ）県）

[原料　ぎじゅつ
　外国　伝統（でんとう）　手づくり]

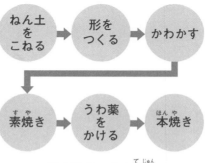
ねん土をこねる → 形をつくる → かわかす
素焼（すや）き → うわ薬をかける → 本焼（ほんや）き

焼き物をつくる手順（てじゅん）

68 特色のある地いき
伝統的な産業とまちづくり

▶▶▶ 答えはべっさつ15ページ

点数 ★
点

1 (1) 全部正解で20点 (2) 1問20点

1 伝統的(でんとうてき)な産業(さんぎょう)がさかんな地いきについて，次の問題に答えましょう。

(1) 右の絵を，焼(や)き物づくりの手順(てじゅん)にならべかえ，番号を書きましょう。

① こねる

② かわかす

③ 形をつくる

④ 本焼(ほんや)き

( ) → ( ) → ( ) → ( )

(2) 伝統的な産業の特色(とくしょく)について，正しいものには○を，まちがっているものには×をつけましょう。

㋐ ( ) 大型(おおがた)の機械(きかい)を使って，大量(たいりょう)に製品(せいひん)をつくっている。

㋑ ( ) 手づくりで生産され，つくる人の持ち味が生かされている。

㋒ ( ) 昔ながらのつくり方や形は守られていない。

㋓ ( ) 古くから伝(つた)わってきたぎじゅつを使ってつくる。

69 特色のある地いきのまとめ(1)

▶▶▶ 答えはべっさつ15ページ 点数 　　　　点

1 (1) 20点 (2) 1つ25点 **2** 30点

1 右の資料を見て，次の問題に答え
ましょう。

(1) 福岡県岡垣町のびわ畑は，主にど
の高さの土地にありますか。

　　　　（　　m～　　m）

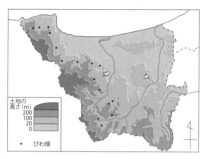
岡垣町の地形

(2) 次の文の（　　）の中から正しい
ものを1つずつ選んで，○でかこ
みましょう。
岡垣町でつくられるびわの生産量
は，2020年は約（ **30　60** ）t
で，1995年よりも
（ **ふえ　へって** ）います。

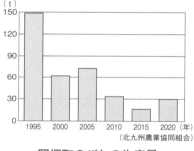
岡垣町のびわの生産量

2 次の文から読み取れることとして正しいものを，あとの㋐〜
㋒から1つ選んで，記号で答えましょう。　　　　（　　　）

宮城県蔵王町でのこけしづくりは，今から200年以上前に
始まりました。森林が多く，原料の木がとれやすいことが，
こけしづくりがさかんな理由の一つです。こけしをつくるた
めに，ほかの地いきからうつり住んできた人もいます。

㋐蔵王町でのこけしづくりは，今から100年前に始まった。

㋑こけしの原料の木は，ほかの地いきから買い取っている。

㋒こけしをつくるため，蔵王町にうつり住んだ人もいる。

特色のある地いきのまとめ(1)

70

本物の職人をさがせ！

▶▶▶ 答えはべっさつ15ページ

☆ ☆ ☆ ☆ ☆ ☆ ☆ ☆ ☆ ☆ ☆ ☆ ☆ ☆ ☆

次の3人のうち，正しい手順（てじゅん）で焼き物（やきもの）をつくっている人はひとりだけです。
あみだをたどってだれが本物の職人（しょくにん）かをあてましょう。

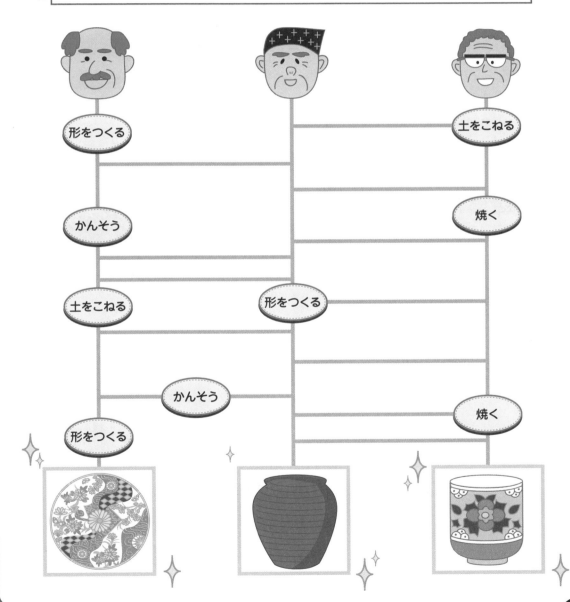

73

71 特色のある地いき
国際交流①

▶▶▶ 答えはべっさつ15ページ

① ～ ⑤：1問20点

点数 ｜ 点

！覚えよう！

次の □ にあてはまる言葉を書きましょう。

・歴史やかんきょうなどがにているということで，つながりの深い都市どうしが交流を深めるために，
①[　　　]都市や友好都市の関係を結んでいます。

姫路城

・それぞれの国を表す目印となる旗のことを②[　　　]といいます。

★ 考えよう ★

次の □ にあてはまる言葉を書きましょう。

明石海峡大橋

・姫路市の③[　　　]城とフランスの城，④[　　　]海峡大橋とデンマークの橋のように，有名な城や橋どうしが①関係を結ぶこともあります。

中華街

・神戸は，多くの船が行き来する港町としてはってんしてきました。元町に⑤[　　　]街があり，中国とのつながりが深いことがわかります。

72 特色のある地いき
国際交流①

▶▶▶ 答えはべっさつ16ページ

★点数★

点

1 右の地図を見て，次の問題に答えましょう。

兵庫県と交流している都市がある国

(1) 兵庫県と交流している都市がある国は何か国ですか。

（　　か国）

(2) つながりが深い都市どうしが，交流を深めるために結ぶ関係を何といいますか。

（　　　　　　　　）

2 次の2つの資料について，正しいものには○を，まちがっているものには×をつけましょう。

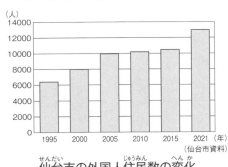

仙台市の外国人住民数の変化

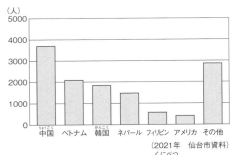

仙台市の外国人住民の国別人数

① （　　　） 仙台市の外国人住民の数はふえ続けている。

② （　　　） ベトナム出身の外国人住民が最も多い。

③ （　　　） 2021年の仙台市の外国人住民数は，1995年の外国人住民数の約2倍である。

73 特色のある地いき
国際交流②

りかい

▶▶▶ 答えはべっさつ16ページ

点数 ★ □□ 点

①〜⑤：1問20点

覚えよう

次の □□□ にあてはまる言葉を書きましょう。

・学問や文化などを学ぶため，外国から日本に来た学生を，

①□□□□ といいます。

・外国の人と共にくらす上では，おたがいの ②□□□ のちが

いを ③□□□ 合うことが大切です。

考えよう

右の地図を見て，次の □□□ にあてはまる言葉を書きましょ
う。

・鉄をつくる
工場では，
原料である

④□□ 石

や，燃料で
ある

⑤□□□

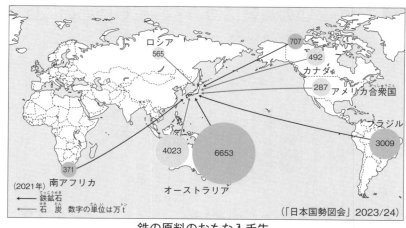

鉄の原料のおもな入手先

を外国から買い（輸入し），鉄をつくっています。

・でき上がった鉄は，国内の自動車や電気製品の材料となり，
世界の国々に売られて（輸出して）います。工場も，外国と
深くつながっています。

74 特色のある地いき
国際交流②

▶▶▶ 答えはべっさつ16ページ

1 (1) 20点 (2) 1つ20点　2 1問20点

点数 ★

点

1 右の地図を見て，次の問題に答えましょう。

(1) 北海道で，岡山空港と行き来のある空港の名前を書きましょう。

（　　　　　　　　）空港

(2) 岡山から東京へ行くには，どのような交通機関を使うとよいですか。2つ書きましょう。

（　　　　　　　　）（　　　　　　　　）

● 岡山空港との間で行き来のある空港
　　新かん線

（2023年11月）

2 右の表は，福岡空港と博多港から日本に入国した外国の人の数を表しています。次の問題に答えましょう。

(1) 福岡県から日本に入国する外国の人は，飛行機と船のどちらを使う人が多いですか。

（　　　　　　　　）

(2) 福岡県から飛行機と船で入国した外国の人の数の合計は，何万人ですか。千の位を四捨五入して書きましょう。（　　　　万人）

単位：人

国名	人数
中国	11,778,157
韓国	1,057,845
タイ	58,056
フィリピン	44,789
マレーシア	36,225
その他	169,526
合計	2,141,956

福岡空港から日本に入国した外国の人の数（2019年 法務省）

単位：人

国名	人数
韓国	78,594
中国	1,747
アメリカ合衆国	1,130
フランス	600
イギリス	556
その他	7,081
合計	89,708

博多港から日本に入国した外国の人の数（2019年 法務省）

77

75 特色のある地いきのまとめ(2)

▶▶▶ 答えはべっさつ16ページ 点数

1 1問25点　**2** 1問25点

点

1 右の地図を見て，次の問題に答えましょう。

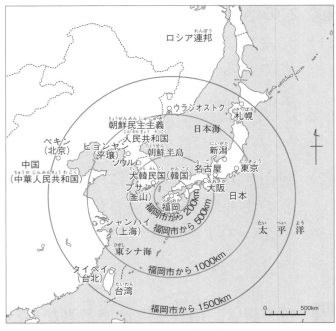

福岡市とそのまわりの様子

(1) 福岡市から約200kmのところにある都市はどこですか。

（　　　　　　）

(2) 福岡市と中国の広州市のように，つながりの深い都市どうしが，交流を深めるために結ぶ関係を何といいますか。

（　　　　　　　　）

2 次の問題に答えましょう。

(1) 右の図は，中国を表す目印となる旗です。このような旗を何といいますか。

（　　　　　　）

(2) 学問や日本の文化などを学ぶため，外国から日本に来た学生を，何といいますか。

（　　　　　　　　）

76

特色のある地いきのまとめ(2)

かくれている国を見つけよう！

▶▶▶ 答えはべっさつ16ページ

☆ ☆ ☆ ☆ ☆ ☆ ☆ ☆ ☆ ☆ ☆ ☆ ☆

マス目の中に，下にしめした国の名前がかくれています。
たて・よこ・ななめに文字を読んで，さがしましょう。

ろ	し	あ	ま	い	ん	ど
か	ぶ	ふ	さ	さ	け	こ
な	ら	は	い	ふ	い	ん
だ	じ	か	な	り	か	た
ふ	ら	ん	す	き	ぴ	や
す	せ	こ	ぶ	ら	じ	ん
な	し	く	る	じ	ら	ぶ

国は全部で8個
かくれてるよ！

下や右から
読んでもいいよ！

かんこく **韓国**	ブラジル
フランス	ロシア
タイ	カナダ
フィリピン	インド

答えとおうちのかた手引き

1 日本の都道府県
都道府県と地方

りかい

▶▶▶ 本さつ4ページ

覚えよう　①都道府県　②県庁所在地

★考えよう★ ③北海道　④近畿　⑤東北　⑥中部

ポイント

都道府県名と県庁所在地名がちがう都道府県を整理して覚えましょう。位置や大きさなどの特ちょうもあわせて整理しましょう。また，日本を7つの地方に分ける分け方もたしかめておきましょう。

2 日本の都道府県
都道府県と地方

練習

▶▶▶ 本さつ5ページ

1 （1）47　（2）大阪府，京都府（順不同）
（3）⑦石川県　⑦兵庫県　⑦名古屋市
⑦松山市

（4）

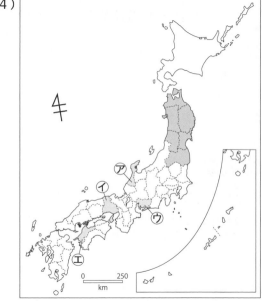

ポイント

1（1）日本は1都1道2府43県でこう成されていることを覚えておきましょう。
（2）2つの府が近畿地方にあることを地図でかくにんしておきましょう。
（3）47の都道府県の名前，位置，都道府県庁所在地名を整理しておきましょう。
（4）日本を7つの地方に分けたとき，どのように分けられるかをたしかめておきましょう。

1

3 地図の見方 方位と地図記号 りかい

▶▶▶ 本さつ6ページ

覚えよう ①北西 ②北東 ③南西 ④南東
⑤北 ⑥方位 ⑦学校〔小・中学校〕 ⑧工場
⑨温泉

★ 考えよう ★ ⑩北

ポイント

地図の見方として，八方位や地図記号は覚えて
おきましょう。方位がかかれていない地図は，
上が北になります。

4 地図の見方 方位と地図記号 練習

▶▶▶ 本さつ7ページ

1 （1）⑦西 ①南西 ⑦南 ⑤北東

（2）南

2 図書館

3 ①① ②⑦ ③⑤ ④⑦ ⑤⑪

⑥⑦

ポイント

1 （1）方位をしっかり覚えておきましょう。
（2）上が北なので下は南です。
2 方位をしめす記号がななめになっています。
まちがって「消防しょ」と答えないようにしま
しょう。

5 地図の見方 しゅくしゃくとは りかい

▶▶▶ 本さつ8ページ

覚えよう ①きょり ②しゅくしゃく ③250

④2000

★ 考えよう ★ ⑤⑦

ポイント

覚えよう しゅくしゃくは，地図の中にあるもの
さしを見るとわかります。ものさしの読み方を
おさえましょう。
★ 考えよう ★ ⑦は，①より地図に表すはんいが
せまいですが，細かいところまで表すことがで
きます。

6 地図の見方 しゅくしゃくとは 練習

▶▶▶ 本さつ9ページ

1 （1）20（km） （2）（およそ）60（km）

2 ①① ②⑦

ポイント

1 （2）コンパスのはば1つ分がしめす20km
が3つ分なので60kmです。
2 ⑦は，広いはんいがよくわかる地図，①は細
かいところがよくわかる地図です。

7 地図の見方 等高線の読み取り りかい

▶▶▶ 本さつ10ページ

覚えよう ①等高線 ②高さ ③せまい ④広い

★ 考えよう ★ ⑤100 ⑥300 ⑦せまく ⑧急

ポイント

等高線を見て，等高線の間かくがせまいところ
はかたむきが急で，等高線の間かくが広いとこ
ろはかたむきがゆるやかです。
また，等高線が20mごとに引かれているのは
5万分の1の地形図です。

8 地図の見方 等高線の読み取り 練習

▶▶▶ 本さつ11ページ

1 （1）等高線 （2）⑤

（3）30（m）～40（m） （4）⑦

（5）かじゅ園〔くだもの畑〕 （6）田

ポイント

1 （2）⑥は10m～20m，⑥は0m～10m，
⑤は20m～30m，⑤は30m～40mの間です。
（4）等高線の間かくの広いほうが，かたむきが
ゆるやかです。
（5）地図記号で土地利用がわかります。代表的
な地図記号は覚えておくようにしましょう。

9 地図の見方のまとめ

▶▶▶ 本さつ12ページ

1 （1）北東　（2）⑦山　（3）⑦山
（4）（およそ）2（km）

2 ⑦

ポイント

1（2）⑦山の高さはおよそ 800m，⑦山の高さはおよそ 400m，⑦山の高さはおよそ 300m です。
（3）山のしゃ面にかじゅ園〔くだもの畑〕の地図記号がある山を選びます。
（4）しゅくしゃくは 1km ＝ 1cm です。ゆうびん局から学校の間はおよそ 2cm のため，2km です。
2 A－B の線で切った形は，A の近くと B の近くの両方に山があり，A に近いほうが高い山，B に近いほうが低い山です。

10 日本の都道府県・地図の見方のまとめ
都道府県パズル

▶▶▶ 本さつ13ページ

11 土地の様子
県の地形

▶▶▶ 本さつ14ページ

★ 考えよう ★ ①瀬戸内（海）　②山
③日本（海）　④市街（地）　⑤神戸

ポイント

地勢図とは，地表面の高低，山，川，平野，海岸などの地形を表した地図のことで，地形図ともいいます。
土地利用図は，地勢図上で田，畑，かじゅ園，森林，住たくなどをわかりやすく表しています。

12 土地の様子
県の地形

▶▶▶ 本さつ15ページ

1 （1）田　（2）⑦
（3）① ○　② ×　③ ○

2 ⑦

ポイント

1（2）筑紫平野があるところをさがしましょう。
（3）②海に面しているのは，県の北側の玄界灘と，南西側の有明海のところです。
2 ⑦はだんだん畑から山地，⑦はビルが建ちならんでいることから都市と考えましょう。

13 土地の様子
県の交通

▶▶▶ 本さつ16ページ

★ 考えよう ★ ①仙台　②交通　③東北　④南
⑤山形（県）　⑥ＢＲＴ　⑦飛行機

ポイント

県内の主な道路と鉄道の広がりを表した図をよく見ましょう。県の中央部にある仙台市を中心に，交通が発達しています。④は，東北自動車道や東北新かん線が地図の上下，つまり南北に走っています。⑤は，陸羽東線や仙山線，山形自動車道が地図の右である海側から山形県へ東西を結んでいます。

14 土地の様子
県の交通
 練習

▶▶▶ 本さつ17ページ

1 （1）岡山市，倉敷市に○

（2）岡山市，倉敷市（順不同）　（3）香川（県）

（4）交通（機関）

ポイント

（1）鉄道や道路は，主に人が多く住んでいる市街地を通ります。この地図で瀬戸内海側の市街地を見ると，岡山市と倉敷市に交通が集まっていることが読み取れます。

（2）人口の多いところは瀬戸内海に面する南のほうに集まり，人口の少ないところは，中国山地がある県の北のほうに多くなっています。

（4）岡山県の交通の地図と，市町村別人口の図を見ると，人口が多いところは交通が集まっているのがわかります。津山市は県の北のほうにありますが，交通が集中して人口も多くなっています。

 15 土地の様子
県の産業
 りかい

▶▶▶ 本さつ18ページ

覚えよう ①産業　②農業　③水産業〔漁業〕

★ **考えよう** ★④米　⑤いちご　⑥かき

ポイント

地図を見て，宮城県の産業の分布を読み取りましょう。県の北部にはいねの絵が，南部にはいちごの絵が，海ぞいの地いきにはかきの絵が，それぞれえがかれています。

 16 土地の様子
県の産業
 練習

▶▶▶ 本さつ19ページ

1 （1）有明海　（2）米

（3）①×　②○　③○

ポイント

2つの資料のうち，地図からは，福岡県の産業の分布がわかります。また，グラフからは，福岡県でつくられている主な農産物がわかります。

（3）①キャベツは県内で3番目に多く生産されていますが，産地は県の北部以外に，西部もあてはまります。

 17 くらしと水
わたしたちが使う水
 りかい

▶▶▶ 本さつ20ページ

覚えよう ①火事　②じゃ口　③水道管

★ **考えよう** ★④家庭　⑤ふろ　⑥トイレ

⑦せんたく

ポイント

★ **考えよう** ★この円グラフはわり合の多い順にならんでいます。家庭での水の使いみちは，ふろが最も多くなっています。

 18 くらしと水
わたしたちが使う水
 練習

▶▶▶ 本さつ21ページ

1 水道管，ポンプ室（順不同）

2 ①○　②×　③○

ポイント

1 図の中で水の通り道をたどってみましょう。ポンプ室→水道管という順番で水が通っていることがわかります。

2 2つの資料を見て，人口と給水量の変化に注目してみましょう。

②について，給水量は1990年まで，ふえ続け，それ以こうはへってきています。

 19 くらしと水
じょう水場のはたらき
 りかい

▶▶▶ 本さつ22ページ

覚えよう ①じょう水場　②ちんでん（池）

③ろか（池）　④配水（池）　⑤けんさ　⑥24

ポイント

じょう水場の図を見て考えましょう。川の水を取り入れて水道水として飲めるようになるまでに，多くの作業があることを覚えておきましょう。

くらしと水
じょう水場のはたらき
練習

▶▶▶ 本さつ23ページ

1 （1）じょう水場　（2）①取水口　②配水池

2 ①⑦　②⑦

ポイント

1 図は，川の水を取り入れて，きれいな飲み水にするまでのしくみを表しています。それぞれのせつびがどんな役わりをはたしているか覚えておきましょう。

2 ①は，ビーカーや薬品などがあるので，水質のけんさだとわかります。②は，コンピューターを使って水の量やせつのかんしをしているところです。

くらしと水のまとめ(1)

▶▶▶ 本さつ24ページ

1 （順に）給水量，1990

2 （1）①ウ　②⑦　（2）⑦

ポイント

1 1990年をさかいにして，人口はあまり変わらなくなり，給水量はへり出しています。

2 （1）⑦ちんでん池では，薬を入れて，水の中の小さいごみをかためてしずめます。
（2）⑦は下水しょり場についての文です。

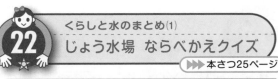

くらしと水のまとめ(1)
じょう水場　ならべかえクイズ

▶▶▶ 本さつ25ページ

くらしと水
水げんの森
りかい

▶▶▶ 本さつ26ページ

 覚えよう ①ダム　②水量　③水　④水力

⑤森〔森林〕　⑥雨水　⑦緑（のダム）

ポイント

ダムの役わりを覚えておきましょう。
また，森林にはさまざまな役わりがあることを覚えておきましょう。①空気をきれいにする，②木材の原材料になる，③動物のすみかになるなどがあります。とりわけ大切なのは，ふってきた雨水をたくわえ，山などの土砂くずれをふせぐという役わりです。

24 くらしと水
水げんの森
練習

▶▶▶ 本さつ27ページ

1 ⑦, ⑦（順不同）

2 （1）緑のダム

（2）ゆっくり

（3）（○）木を植え育てる。

　　（　）水質けんさを行っている。

ポイント

1 ⑦雨がふらない日が続くと，ダムの水だけでは足りなくなることがあります。⑦自然かんきょうを守ることとダムをつくることの両方を考えることが大切です。

2 （1）森林は，ふった雨水をたくわえ，長い時間をかけて少しずつ流していきます。そのため「緑のダム」とよばれています。

 25 くらしと水
水を大切に使うために
りかい

▶▶▶ 本さつ28ページ

覚えよう ①節水　②じゃ口　③残り湯

④下水管　⑤下水しょり場〔水再生センター〕

⑥じょう水（場）

ポイント

一度使ってよごれた水は，下水しょり場でごみやどろをしずめ，上のほうの水を消どくして，川や海へ流されます。

 26 くらしと水
水を大切に使うために
練習

▶▶▶ 本さつ29ページ

1 ①　×　②　○　③　×　④　○

2 （1）下水しょり場〔水再生センター〕

（2）下水管　（3）⑦, ⑤（順不同）

ポイント

1 水はかぎりあるしげんです。自分にできることをして少しでも節水するように気をつけましょう。

2 （3）油などは，新聞紙などにすわせて，ごみとして出すようにしましょう。

 27
くらしと水のまとめ(2)

▶▶▶ 本さつ30ページ

1 （1）下水しょり場〔水再生センター〕

（2）②　（3）冷ぼう，トイレ（順不同）

2 ⑦

ポイント

1 （3）一度使った水は，地下の下水しょりしせつできれいな水にして，冷ぼうや水せんトイレなどで使われています。

2 下水にごみや油がまざっていると，下水しょり場〔水再生センター〕の機能がおちるため，ごみや油を流してはいけません。

 28 くらしと水のまとめ(2)
正しいのはどっち？

▶▶▶ 本さつ31ページ

29 くらしと電気・ガス **りかい**

電気はどこから

▶▶▶ 本さつ32ページ

覚えよう ①発電所 ②火力 ③原子力 ④水力
⑤送電線 ⑥変電所

ポイント

わたしたちのくらしをささえる電気は，その燃料のほとんどを輸入にたよっています。火力発電の原料である石油の多くはサウジアラビアなど中東の国ぐにから，天然ガスはオーストラリアなどから輸入しています。

発電所で発電した電気は，そのままでは家庭や工場で使うことができないので，変電所で調整をしています。変電所は一か所だけではなく，役わりのことなるいくつかの変電所を何か所か経由しています。電柱の上にも変電器の一種である「変圧器」がつけられています。

30 くらしと電気・ガス **練習**

電気はどこから

▶▶▶ 本さつ33ページ

1 （1）⑦，⑦（順不同） （2）⑦
（3）変電所

2 ①火力 ②水力 ③原子力

ポイント

2 どの発電方法にもメリット（よい点）とデメリット（問題になる点）があります。火力発電は発電量を調整しやすい発電方法で，水力発電や原子力発電は発電のときに二酸化炭素を出さない発電方法です。これらはメリットですが，**2** の問題で見たように，デメリットもあります。原子力発電は事故が起きたときのひがいの大きさも問題となっています。

31 くらしと電気・ガス **りかい**

くらしと電気のこれから

▶▶▶ 本さつ34ページ

覚えよう ①火力 ②石油〔天然ガス〕
③再生可能 ④二酸化炭素 ⑤節電

ポイント

しげんにはかぎりがあること，これまでの発電方法がかんきょうにえいきょうをあたえることなどから，新しい発電への取り組みが進められています。代表的なものに，太陽光を利用する太陽光発電，風の力を利用する風力発電，地熱によって生まれる水じょう気を利用する地熱発電などがあります。

新しい発電方法は再生可能エネルギーを利用しているので，燃料をほとんど使わず，はいき物も少ないという利点があります。一方，発電の費用が高くつくことや，安定的に発電できないという問題もあります。

32 くらしと電気・ガス **練習**

くらしと電気のこれから

▶▶▶ 本さつ35ページ

1 （1）水力 （2）原子力 （3）かぎり

2 ①× ②○ ③×

ポイント

1 2011年の東日本大震災での事故をきっかけに，国内の原子力発電所のすべてがけんさのために運転を休止するなどして，近年では原子力による発電量はへっています。

2 ①太陽光発電は，雨の日など太陽の光が少ないと少ししか発電できません。

②風力発電は本かく的な発電のためには大きぼなしせつが必要なので，建せつ場所がかぎられたり，たくさんの費用がかかったりする問題があります。

③日本でつくられる電気のうち，約15パーセントが家庭で使われています（2021年度）。したがって，ふだんのくらしで節電の取り組みをすることは大切だといえます。

33 くらしと電気・ガス
ガスはどこから

>>> 本さつ36ページ

覚えよう ①天然ガス ②LP
③LNGタンカー ④ガス導管 ⑤色 ⑥におい

ポイント

わたしたちの生活にかかせないガスは、原料やとどけ方のちがいによって、都市ガスやLPガスなどの種類に分けられます。
このうち都市ガスは、LNGタンカーで外国から運ばれてきた天然ガスからつくられ、道路の下にあるガス管を通って、家や学校、会社などにとどけられます。一方、LPガスは石油（プロパン）からつくられ、ボンベに入れてとどけられます。

34 くらしと電気・ガス
ガスはどこから　練習

>>> 本さつ37ページ

1 （1）ふろ，コンロ（順不同）
（2）（順に）都市ガス，タンカー
2 ①○ ②× ③○

ポイント

1 （1）家の中では、コンロやオーブンなどの食事にかかわるせつびや、ふろ、だんぼう、かんそう機などの温度を調節するせつびなどに、ガスが使われていることが多いです。なお、テレビには電気が、トイレには水道と（場合によっては）電気が使われています。
2 ②ガスには色やにおいがないため、ガス管やボンベからもれてしまったときに気づけるよう、わざとにおいがつけられています。

35 くらしとごみ
ごみの分別としゅう集　りかい

>>> 本さつ38ページ

考えよう ①種類 ②分別 ③日〔曜日〕
④しゅう集
覚えよう ⑤しゅう集（車）〔パッカー（車）〕
⑥しげん

ポイント

ごみを出すときは、曜日・時間などごみ出しのきまりを守りましょう。しげん化物〔しげんごみ〕を正しく分別することで、しげんを大切にすることにつながります。
しげん化物〔しげんごみ〕には、あきかん、あきびん、ペットボトル、新聞やざっし、だんボールなどがあります。

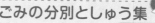

36 くらしとごみ
ごみの分別としゅう集　練習

>>> 本さつ39ページ

1 （1）生ごみ，紙くず，ざっし・新聞（順不同）
（2）ウ
2 （1）2010（年） （2）イ，ウ（順不同）

ポイント

1 （1）月曜日から日曜日まで、すべてに○がついているごみを選びます。
2 （1）ぼうの高さが低くなった年が、ごみの量がへった年です。2005年は約25万tですが、2010年には約22万tにまでへっています。

37 くらしとごみ
せいそう工場のしくみ　りかい

>>> 本さつ40ページ

考えよう ①せいそう（工場）
②中央そうさ〔中央せいぎょ〕（室） ③はい
④しょぶん場〔うめ立て地〕
覚えよう ⑤再利用〔リサイクル〕

ポイント

もえるごみは、せいそう工場に運ばれ、もやしてはいにされます。はいになると、ごみは小さく、軽くなり、しょりしやすくなります。

38 くらしとごみ
せいそう工場のしくみ 練習

▶▶▶ 本さつ41ページ

1 （1）① ⑦ ② ⑦ ③ ⑦ ④ ⑦ ⑤ ⑦
⑥ ⑦

（2）しょぶん場〔うめ立て地〕

（3）せいそう工場〔クリーンセンター〕

ポイント

1（2）ごみをもやすと，量はへりますが，は
いが残ります。はいはしょぶん場〔うめ立て地〕
にうめられます。

 39 くらしとごみ
ごみのリサイクル りかい

▶▶▶ 本さつ42ページ

覚えよう ①しげん

②リサイクル　③ペットボトル　④かん
⑤そ大〔大型〕　⑥4R

ポイント

レジぶくろなどごみとなるものをことわるリ
フューズ，ごみをなるべく出さずにへらすリ
デュース，すてずにくり返し使うリユース，使
い終わったものをしげんにもどして再利用する
リサイクルのことを，それぞれの英語のかしら
文字をとって「4R」といいます。

 40 くらしとごみ
ごみのリサイクル 練習

▶▶▶ 本さつ43ページ

1 （1）（例）ペットボトル，食品トレイ

（2）リサイクル〔再利用〕

2 ① ⑦ ② ⑦ ③ ⑦

ポイント

2③ペットボトルは，かんそうさせてからとか
すと，化学せんいをつくることができます。

 41 くらしとごみ
ごみをへらすために りかい

▶▶▶ 本さつ44ページ

覚えよう ①分別　②しょり　③ペットボトル

④リサイクル〔再利用〕

⑤へらす〔少なくする〕　⑥家電　⑦レジぶくろ

ポイント

今と昔の買い物のしかたをくらべてみると，昔
は包そうなどをしないで，家から持って行っ
た買い物かごやなべなどに商品を入れて持ちか
えっていましたが，今は1つ1つの商品に包そ
うをしています。そのためごみがふえています。
ごみをへらし，しげんを大切にするために，リ
サイクルをはじめとして4Rを心がけることが
大切です。

 42 くらしとごみ
ごみをへらすために 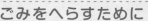 練習

▶▶▶ 本さつ45ページ

1 （1）① ⑦ ② ⑦ ③ ⑦

（2）① ○ ② ○ ③ ○ ④ ×

ポイント

1（2）②つめかえができる品物を買うことで，
容器のごみをへらすことができます。
④新しいふくろを店で買うことはごみをふやす
ことにつながります。

9

43 くらしとごみのまとめ

▶▶▶ 本さつ46ページ

1 （1）①中央そうさ室〔中央せいぎょ室〕

②はいガスしょりそうち

（2）⑦，エ（順不同）

2 （例）いらない物は買わない。ふくろを持っ

ていく。つめかえできるものを買う。

ポイント

1 （1）せいそう工場のしくみの図をよく見て
答えましょう。
（2）せいそう工場に運ばれ，しょりされている
ごみは，布くずや生ごみといったもえるごみで
す。
2 買い物をするとき，自分でふくろを持ってい
けばレジぶくろのごみをへらせます。また，つ
めかえができるものを買えば，ごみを小さくで
きるのでごみがへります。

44 くらしとごみのまとめ
ごみをへらす合言葉は？

▶▶▶ 本さつ47ページ

45 自然災害が起きたら
さまざまな自然災害　りかい

▶▶▶ 本さつ48ページ

覚えよう ①ふん火　②自然災害

★考えよう★ ③こう水　④海　⑤地震

ポイント

地震やごう雨などの自然災害は，地震であれば
津波や建物の火災，ごう雨であればがけくずれ
や土石流，こう水といったように，二次的な災
害を引き起こすことがあります。

46 自然災害が起きたら
さまざまな自然災害　練習

▶▶▶ 本さつ49ページ

1 ① ○　② ×　③ ×

2 ⑦，エ（順不同）

ポイント

1 ②火災の件数は293件です。③地震が起き
たのは1月17日，電気が復旧したのは1月23
日であり，復旧にかかった日数は6日間です。
2 土地の海からの高さをしめすひょうしきは，
地震の後に来る津波にそなえて設置されていま
す。また，ていぼうは，川ぞいや海ぞいに土砂
などをもり上げてつくられており，大雨や高潮
のときなどに，水があふれないようふせぐ役わ
りがあります。

公助・共助・自助

▶▶▶ 本さつ50ページ

覚えよう　①地いき防災計画

②ハザードマップ　③防災訓練　④公助　⑤共助

⑥自助

ポイント

市や県などの自治体では，地震などの災害にそなえ「防災計画」を定めています。また，災害のときにきけんな場所をしめしたり，ひなんの道順などをしめした「ハザードマップ」をつくっています。海に近い地いきでは津波にそなえ，その土地の海からの高さをしめし，より高いほうにひなんできるようにしています。災害のときには，消防しょやけいさつの人たちも思うような動きがとれないときがあります。そのようなときにそなえ，防災訓練を行って，自主的にひなんや防災を行えるようにしておくことが大事です。

公助・共助・自助

▶▶▶ 本さつ51ページ

1　①×　②×　③○

2　（1）防災訓練　（2）火事〔火災〕

（3）（例）お年より，しょうがいのある人，

小さい子ども，外国人

ポイント

1　①地いき防災計画は，その土地のことがよくわかっている地いきの人と，せんもん家が協力してつくることで，災害へのそなえとして，よりゆうこうなものになります。

2　（3）お年よりやしょうがいのある人，日本語がとくいではない外国人などは，災害のときに自力でのひなんがむずかしいことがあります。

地震が起きたら

▶▶▶ 本さつ52ページ

覚えよう　①東日本大震災　②ひなん訓練

③津波　④ひなん所　⑤防災びちく倉庫

ポイント

日本では昔から多くの地震がたくさんのひがいをもたらしてきましたが，阪神・淡路大震災と東日本大震災という，特に大きな震災を機会に，地震へのそなえが見直されるようになりました。地震にそなえ，地いきや学校では，ひなん訓練が行われています。また，学校は地いきの人々のひなん所になることもあるので，食料や食事をつくる道具，毛布などをほかんしておく防災びちく倉庫があるところもあります。

地震が起きたら

▶▶▶ 本さつ53ページ

1　①ウ　②ア　③イ

2　①×　②○　③○

ポイント

2　①防災びちく倉庫は，その学校の児童や先生のためだけでなく，地いきの人々のための食料もほかんされています。②地震のあとは，余震（大きな地震のあとに起こるやや小さめの地震）が起きることがあります。また，道路や建物がきけんなじょうたいになっていることがあるので，学校にいるほうが安全な場合が多いです。

51 自然災害が起きたらのまとめ

▶▶▶ 本さつ54ページ

1 ⑦

2 （1）共助^{きょうじょ}

（2）① ⑦　② ⑦

ポイント

2 自分や家族の命を守るために防災^{ぼうさい}に取り組むこと（⑦）を自助，地いきの人々と助け合うこと（①）を共助といいます。また，国や都道府県^{けん}，市区町村による，自然災害^{しぜんさいがい}からくらしを守るための取り組み（⑦）を公助といいます。

52 自然災害が起きたらのまとめ
「めいろ」通りぬけクイズ

▶▶▶ 本さつ55ページ

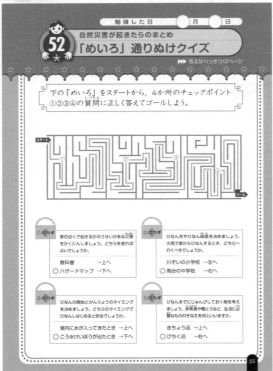

53 伝統・文化と先人たち
地いきの伝統・文化
りかい

▶▶▶ 本さつ56ページ

覚えよう ①祭り　②海　③みこし　④きょう土
⑤体験^{たいけん}　⑥愛媛^{えひめ}（県）　⑦おうぎ

ポイント

地いきには，人々が受けついできた祭りやきょう土芸^{げい}のうなどの文化があります。日本の祭りは，作物のほう作をいのって，夏から秋にかけて行われるものが多い点が特^{とく}ちょうです。

54 伝統・文化と先人たち
地いきの伝統・文化
練習

▶▶▶ 本さつ57ページ

1 （1）① ○　② ×　③ ×　④ ○

（2）①，⑤（順不同^{じゅんふどう}）

ポイント

（1）③について，きょう土芸のうは，子どもでも体験^{たいけん}することができます。
（2）について，きょう土芸のうとは，地いきの人が昔から受けついできたものです。おどりや楽器^{がっき}を使ったものであれば，なんでもきょう土芸のうとよべるわけではありません。

55 伝統・文化と先人たち
新田をつくった先人
りかい

▶▶▶ 本さつ58ページ

**考えよう** ①入海^{いりうみ}　②吉田新田^{よしだしんでん}　③1657（年）

④ていぼう　⑤1667（年）

ポイント

年表を見ると，吉田勘兵衛^{かんべえ}が吉田新田を開くまでの流れがわかります。年表の中に答えがあるので，あせらず見つけましょう。

56 伝統・文化と先人たち 新田をつくった先人 練習

▶▶▶ 本さつ59ページ

1 （1）11（年） （2）（約）11,543（a）アール

（3）① × ② ○ ③ ○

ポイント

1（1）年表から，工事を始めた年，工事が終わった年がわかります。
（2）表の中に完成した吉田新田についてのじょうほうが書きこまれています。

 57 伝統・文化と先人たち 用水をつくった先人 りかい

▶▶▶ 本さつ60ページ

 覚えよう ①用水 ②高さ〔標高〕

★ 考えよう ★ ③田沢 ④田 ⑤新田

⑥水あらそい ⑦大河原（用水）

ポイント

なぜ用水をつくることが必要だったのかを考えましょう。
また，年表から，用水をつくるのに坂本養川がどれほど苦労したかを読み取りましょう。

 58 伝統・文化と先人たち 用水をつくった先人 練習

▶▶▶ 本さつ61ページ

1 （1）3（本）

（2）㋐北 ㋑南 ㋒東 ㋓西

2 （例）米がたくさんとれるようになった。

ポイント

1（1）大河原用水がこえている川は，滝ノ湯川，渋川，角名川の3本です。
（2）地図で用水の流れと川の流れを矢印を見てかくにんしましょう。
2 1780年ごろは米だわらが5つでしたが，坂本養川が用水を開いてからは，8つになっていることから，米のとれる量がふえたことがわかります。

 59 伝統・文化と先人たち 博物館へ行こう りかい

▶▶▶ 本さつ62ページ

★ 考えよう ★ ①博物館 ②もっこ ③じょれん

④くわ ⑤人 ⑥長（い） ⑦先人

ポイント

博物館とは，歴史，文化，自然などをしょうかいしたり，研究したりするしせつです。博物館の中には，昔の工事に使った，もっこやじょれんなどがてんじされているところもあります。
昔の工事は人の手で行われたので，長い年月がかかりました。

 60 伝統・文化と先人たち 博物館へ行こう 練習

▶▶▶ 本さつ63ページ

1 ㋐，㋑，㋔（順不同）

2 ①㋒ ②㋑ ③㋐ ④㋓

ポイント

2 ①はじょれん，②はたわら，③はもっこ，④はくわです。それぞれの道具は，使い方に合った形をしています。用水工事に使われたのはどんな道具かかくにんしておきましょう。

 61 伝統・文化と先人たちのまとめ(1)

▶▶▶ 本さつ64ページ

1 （1）① ㋒ ② ㋑ （2）小田井用水

（3）㋒

ポイント

㋐華岡青洲は，医学の分野で活やくした人物，㋑南方熊楠は地いきのかんきょうを守った人物，㋒濱口梧陵は，ていぼうをつくり村を守った人物です。図中の説明から，それぞれの人の活やくを読み取りましょう。

62 伝統・文化と先人たちの まとめ⑵

▶▶▶ 本さつ65ページ

1 （1）玉川上水 （2）坂本養川

（3）⑦ （4）愛知用水

ポイント

日本の各地の用水工事をまとめた表の「用水の 名前」，「場所」，「完成した年」，「工事の中心者」 といったこう目を，よく見て答えましょう。

 63 特色のある地いき 自然を生かしたまちづくり

▶▶▶ 本さつ66ページ

★ 考えよう ★ ①北 ②キャンプ ③スキー

④多い ⑤牛

ポイント

岡山県真庭市の蒜山高原は，高さが 500m ぐら いのところにあり，夏はすずしく，雨が多いと ころです。そこでは自然を生かした農業が行わ れ，また，なだらかな地形を利用したジャージー 牛の放牧やだいこんづくりが有名です。

 64 特色のある地いき 自然を生かしたまちづくり

▶▶▶ 本さつ67ページ

1 ①⑦ ②⑦ ③⑦
2 （1）岡山市 （2）9（月）

ポイント

1 ⑦の絵では，スギの木を切り出しています。 ⑦の絵はキャンプ場，⑦の絵はスキー場です。
2 （1）⑦のグラフは，蒜山地方と岡山市の気 温を表しています。蒜山地方は高地のため気温 は岡山市より低くなります。

 65 特色のある地いき 景観を生かしたまちづくり

▶▶▶ 本さつ68ページ

覚えよう ①景観 ②文化財 ③住民 ④せいそ う（活動） ⑤観光

ポイント

松島町では，町がどくじのきまりである景観条 例をつくったり，地いきの住民と協力して勉強 会を開いたりしています。また，住民が観光客 といっしょにせいそう活動をしたり，学生が観 光案内に取り組んだりするなど，町全体をあげ て，景観を守り観光客をふやすためのまちづく りが行われています。

 66 特色のある地いき 景観を生かしたまちづくり

▶▶▶ 本さつ69ページ

1 （1）伊達政宗，松尾芭蕉（順不同）

（2）①〇 ②× ③×

ポイント

（2）②について，松島町は 2014 年に景観条例 をつくっており，その取り組みがみとめられて， 次の年である 2015 年に，都市景観大賞を受賞 しています。また，③について，松島は 1923 年に名勝として指定された後，1952 年には特 別名勝に指定されています。

 67 特色のある地いき 伝統的な産業とまちづくり

▶▶▶ 本さつ70ページ

覚えよう ①ぎじゅつ ②伝統 ③原料 ④手づくり ⑤外国

ポイント

伝統的な産業は，昔からのぎじゅつを受けつい だ人によってささえられています。また，こう した産業を守り広めるため，近年ではインター ネットを利用したはん売や外国でのてんらん会 の開さいなどの取り組みが行われています。

68 特色のある地いき
伝統的な産業とまちづくり　練習

▶▶▶ 本さつ71ページ

1 （1）①→③→②→④

（2）⑦× ⑦○ ⑦× ⑦○

ポイント

1（2）伝統的な産業は，地いきに古くから伝わるぎじゅつで受けつがれている産業です。つくり手のくふうや努力，持ち味が生かされています。

69 特色のある地いきの
まとめ(1)

▶▶▶ 本さつ72ページ

1 （1）20（m）〜100（m）

（2）（順に）30，へって

2 ⑦

ポイント

1（2）岡垣町の2020年のびわの生産量は約30 t です。1995年の生産量は約150 t であるため，5分の1ほどにまでへっていることがわかります。

2 ⑦について，蔵王町でのこけしづくりが始まったのは，今から200年以上前のことです。また，⑦について，こけしの原料の木は，蔵王町の森林でとれるものが使われています。

70 特色のある地いきのまとめ(1)
本物の職人をさがせ！

▶▶▶ 本さつ73ページ

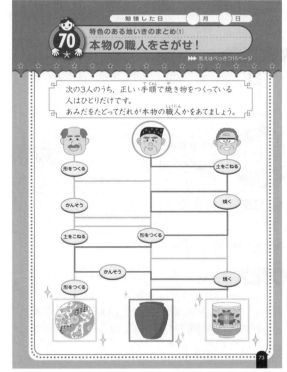

71 特色のある地いき
国際交流①　りかい

▶▶▶ 本さつ74ページ

覚えよう ①姉妹 ②国旗

★考えよう★ ③姫路（城） ④明石（海峡大橋）

⑤中華（街）

ポイント

にたようなかんきょうや歴史を持つ日本と外国の都市どうしが，姉妹都市や友好都市の関係を結んでいます。例として，東京とニューヨーク，京都とパリなどが姉妹都市になっています。

72 特色のある地いき
国際交流①

▶▶▶ 本さつ75ページ

1 （1）6（か国） （2）友好都市〔姉妹都市〕

2 ①○ ②× ③○

ポイント

2 ②最も多い外国人住民は中国出身の人々です。

73 特色のある地いき
国際交流②

▶▶▶ 本さつ76ページ

覚えよう ①留学生 ②文化 ③理解し〔わかり〕

★ 考えよう ★ ④鉄鉱（石） ⑤石炭

ポイント

日本は，原料や燃料を外国から買い（輸入），つくった製品を外国へ売ることが多いです。日本が原料や燃料を買わないといけないのは，国内でとれるしげんが少ないからです。

74 特色のある地いき
国際交流②

▶▶▶ 本さつ77ページ

1 （1）新千歳
（2）飛行機，新かん線（順不同）

2 （1）飛行機 （2）223（万人）

ポイント

1 （1）地図を見て，北海道にある空港の名前を選びます。
（2）地図を見ると，岡山には岡山空港と岡山駅，東京には東京国際空港と東京駅があることから，使用できる交通機関がわかります。
2 （1）表の「合計」のらんをくらべます。福岡空港から入国した人数のほうが多くなっています。
（2）福岡空港からは214万人，博多港からは9万人なので，214万＋9万＝223万となります。

75 特色のある地いきの
まとめ(2)

▶▶▶ 本さつ78ページ

1 （1）プサン（釜山）
（2）友好都市〔姉妹都市〕

2 （1）国旗 （2）留学生

ポイント

1 （1）福岡市から200kmのはんいをしめしているのは，最も内側の円です。

76 特色のある地いきのまとめ(2)
かくれている国を見つけよう！

▶▶▶ 本さつ79ページ